Karin Biala-Gauß · Der Malteser

VDH Herausgegeben unter dem Patronat
des Verbandes für das Deutsche
Hundewesen e.V., Dortmund

Karin Biala-Gauß

Der Malteser

Praktische Ratschläge
für Haltung, Pflege und Erziehung

Mit 39 Abbildungen, davon 6 farbig

Verlag Paul Parey · Hamburg

Die Kapitel „Ernährung" und „Gesundheit" wurden
von Dr. med. vet. Peter Brehm verfaßt.

Weitere Bände in der Reihe „Dein Hund"

**Der Afghane und andere orientalische Windhunde · Airedaleterrier · Der Basset · Der Beagle
· Bearded Collie · Berner Sennenhunde · Bernhardiner · Der Bobtail · Bouvier des Flandres ·
Der Boxer · Der Bullterrier · Der Cairn Terrier · Der Chihuahua · Der Chow-Chow · Collie
und Sheltie · Der Dackel · Der Dalmatiner · Der Dobermann · Die Dogge · Der Foxterrier ·
Golden und Labrador Retriever · Greyhound und andere Windhundrassen · Große
Münsterländer · Der Hovawart · Jack-Russell-Terrier · Der Kromfohrländer · Der Leonberger
Mischlingshunde · Der Mops · Neufundländer · Der Pekingese · Pinscher und Schnauzer ·
Der Pudel · Der Riesenschnauzer · Der Rottweiler · Der Deutsche Schäferhund · Schlitten-
hunde · Setter und Pointer · Der Shih-Tzu · Der Spaniel · Der Spitz · Terrier · Ungarische
Hirtenhunde · West Highland White Terrier · Der Yorkshire Terrier · Dienst- und Gebrauchs-
hunde · Dein Hund auf Ausstellungen · Erziehung und Ausbildung des Hundes**

Die Deutsche Bibliothek – CIP-Einheitsaufnahme
Der Malteser : praktische Ratschläge für Haltung, Pflege und
Erziehung / Karin Biala-Gauss. [Die Kap. „Ernährung" und
„Gesundheit" wurden von Peter Brehm verf.]. – [1. – 6. Tsd.]. –
Hamburg : Parey, 1994
    (Dein Hund)
    ISBN 3-490-06019-9
NE: Biala-Gauss, Karin

Titelbild: *links:* Shenala Raphael, Internationaler, Deutscher, Dänischer, Luxemburgischer und
ČSSR-Champion, Welt-, Europa- und Bundessieger, (WT: 1.10.1974), *rechts:* Dänischer Champion
Maltea's Visconti (WT: 04.05.1977). (Bes. beider Hunde: Thomas Scharfenberg)
Foto gegenüber Titel: Verbandsjugendsieger 1981 Maltea's Corianda (Z. Thomas Scharfenberg)

© 1994 Verlag Paul Parey, Hamburg
Anschrift: Spitalerstraße 12, D-20095 Hamburg
Satz und Druck: Druck- + Verlagshaus Wienand, Köln
Umschlaggestaltung: Evelyn Fischer, Hamburg
Printed in Germany
ISBN 3-490-06019-9

Vorwort

Der Malteser – vermutlich eine der ältesten Luxushunde der Welt – erfreut sich seit Beginn der eigentlichen Rasse-Reinzucht sehr großer Beliebtheit, ohne jedoch jemals ein echter Mode- oder Massenhund gewesen zu sein.

Obwohl man aufgrund seines exklusiven Erscheinungsbildes geneigt sein könnte, ihn für ein Damen-Hätschelhündchen zu halten, ist er, ganz im Gegenteil dazu, ein fröhlicher, lustiger Gefährte, der keinesfalls zimperlich ist.

Mit seiner geringen Größe paßt er ideal in die Gegebenheiten der heutigen Zeit und Platzverhältnisse in den Städten; dank seines unkomplizierten Wesens eignet er sich gleichermaßen als Ein-Personen- oder Familienhund, mit oder ohne andere Haustiere.

Lediglich in bezug auf die Fellpflege stellt er an seinen Besitzer einige Anforderungen. Der „Traum in Weiß", den der Malteser verkörpert, kann nur dann Wirklichkeit werden, wenn man ihm regelmäßige Pflege angedeihen läßt, aber vielleicht hat gerade diese Eigenschaft die Rasse davor bewahrt, ein Jedermannshund zu werden.

Dieses Buch soll für alle Besitzer und Liebhaber von Maltesern ein Leitfaden mit Informationen über Herkunft, Erziehung und Pflege sein. Denjenigen, die darüber hinaus Malteser ausstellen und züchten wollen, soll es Hilfestellung für die dafür speziell notwendigen Pflegemaßnahmen geben. Angehende Züchter sollen sich der Tatsache bewußt werden, daß Züchten in erster Linie Verantwortung bedeutet, sowohl gegenüber dem Einzeltier als auch der Rasse: Oberstes Gebot muß es sein, Gesundheit und Schönheit der Rasse zu erhalten und zu verbessern, wer andere Ziele hat, trägt nur dazu bei, den Malteser zu vermehren.

Es war für mich eine ganz besondere Herausforderung, und es hat mir viel Freude bereitet, dieses Buch zu schreiben, obwohl ich selbst nie einen Malteser besessen oder über längere Zeit einen vergleichbar langhaarigen Hund in Ausstellungskondition gehalten habe. Allerdings blieb es bei meiner Eigenschaft als Zuchtbuchführerin und Zuchtleiterin eines Verbandes, der den Malteser betreut, nicht aus, daß ich um Tips und Ratschläge, hauptsächlich in bezug auf die Pflege, gebeten wurde. Zwangsläufig mußte ich mich darum mit dieser Thematik näher befassen. Je mehr ich mich mit dieser Rasse beschäftigte, desto mehr lag sie mir am Herzen. Meine freundschaftlichen Beziehungen zu einigen Malteserzüchtern taten ein übriges, und so konnte ich als für diese Züchter neutraler Liebhaber der Rasse mit der Zeit einige Dinge erfahren, die man einem „Konkurrenten" nicht ohne weiteres mitgeteilt hätte.

Ich möchte mich an dieser Stelle bei all denjenigen bedanken, die mir während der letzten elf Jahre meine Fragen geduldig beantwortet, mir Veröffentlichungen über die Rasse überlassen und mir bereitwillig ihre oft edlen Ausstellungshunde als Übungsobjekte zur Verbesserung meiner Pflegefertigkeiten zur Verfügung gestellt haben. Außerdem möchte ich mich bei Frau Grodtke bedanken, die für mich, obwohl sie überhaupt keine Zeit hatte, die Zeichnungen für dieses Buch in aller Kürze fertiggestellt hat. Nur durch diese Mithilfe konnte das vorliegende Buch zustandekommen, und ich hoffe, es trägt ein wenig dazu bei, die Rasse in der Öffentlichkeit noch beliebter zu machen – sie ist es wert!

Fellbach, im Frühjahr 1994   Karin Biala-Gauß

Inhalt

Geschichte und Abstammung

Ursprung und Verwendung

Über die Jahrtausende, in denen Mensch und Hund zusammenleben, entstand eine enge Verbundenheit. Hatte der Hund in früher Zeit die Funktion eines Wächters, Beschützers oder Jagdgehilfen, so entwickelten sich mit der Zeit auch Rassen, die keinem anderen Zweck dienten, als dem Menschen Begleiter oder Kamerad zu sein. Neben einer Vielzahl von anderen Rassen zählt auch der Malteser zu dieser Gruppe.

Die Geschichte einzelner Rassen zu erforschen ist ein fast unmögliches Unterfangen. Bei jungen Rassen, die erst vor wenigen Jahrzehnten entstanden sind, ist die Rassegeschichte oft bis zum Ursprungsahnen lückenlos dokumentiert. Bei den alten Rassen dagegen ist dies kaum möglich. Der Grund dafür ist, daß es Rassehundezucht (der Rüde einer Rasse wird mit einer Hündin derselben Rasse verpaart) erst seit gut hundert Jahren gibt. Zuvor wurden Hunde entweder so verpaart, daß die Nachkommen für einen gewissen Zweck eingesetzt wurden, wofür je nach Gebrauch für diese Tiere eine bestimmte Größe, Statur, Charaktereigenschaft oder Farbe vorteilhaft war und diese Eigenschaften als Selektionsmerkmal dienten, so daß sich innerhalb dieser Gebrauchshunde bestimmte Typen herausbildeten und festigten, die dann die Basis für spätere, gezielte Rassehundezucht wurden.

Neben diesen Gebrauchshunden gab es Luxushündchen, deren Aufgabe es war, die zumeist hochgestellten Besitzer zu unterhalten, zu begleiten oder ganz einfach als Fuß- oder Bettwärmer zu dienen. Sie mußten klein, gutmütig und für lustige Kunststückchen dressierbar sein. Ein langes Haarkleid, das man nach Belieben kämmen, frisieren, mit Schleifchen versehen oder in diverse Formen schneiden und scheren konnte, war ebenfalls zu vielen Zeiten sehr gefragt. So war das äußere Erscheinungsbild dieser Salonhündchen oft nur eine Mode- und Geschmacksfrage; einige hielten sich nur für kurze Zeit, andere hingegen blieben im Typ über Jahrhunderte oder gar Jahrtausende fast unverändert erhalten. Zu diesen gehört auch der Malteser, der als einer der ältesten Zwerghundetypen gilt. Darwin datierte das erste Erscheinen von malteserähnlichen Hunden auf ca. 6000 v. Chr. Die bisher ältesten

9

Malteser-Gruppenbild um 1900. Das Ausscheren der Pfoten war damals Mode

Beweise für solche Hunde sind die Malteser-Statuetten, die als Grabbeigabe des Pharao Ramses II (1301–1235 v. Chr.) in Ägypten gefunden wurden.

Seinen Namen verdankt der Malteser wahrscheinlich einer Verwechslung. Die Insel Mljet vor der Dalmatinischen Küste, die im Altertum Melitäa hieß, dürfte der Rasse den Namen gebracht haben. Aristoteles und Strabon nennen den Malteser „Melitaeus catellus", Plinius bezeichnet ihn als „Catelus melitaeus". Daraus leitete sich dann wohl irrtümlich der Name „Malteser-Hündchen" ab.

Im Laufe der Jahrhunderte gab es noch weitere Bezeichnungen, u. a.: Malteser, Melitea, Melitei und Bichon. Ein weiterer Hinweis dafür, daß Malteser und Bichon frisé (und vermutlich auch die anderen Rassen der Bichon-Gruppe: Löwchen, Havaneser, Bologneser und Coton de Tuléar) verschiedene Linien eines Ursprungstyps Zwerghund sind, die sich lediglich aufgrund des Nationalgeschmacks der Bevölkerung des jeweiligen Landes, in dem sie gehalten und weitergezüchtet wurden, zu eigenständigen Rassen entwickelten.

Der Malteser wurde auch gelegentlich als „Löwenhund" bezeichnet. Das hat Anlaß zu der Überlegung gegeben, ob die Rasse vielleicht orientalischer Abstammung gewesen sein könnte wie Lhasa Apso oder Shih-

Tzu. Dies wäre durchaus möglich, da es regelmäßig Warenaustausch mit dem Orient gab. Aufgrund der zu verschiedenen Skelettausbildungen scheint es jedoch wenig wahrscheinlich, außerdem besteht ein gravierender Unterschied im Haarkleid: Der Malteser bildet keine Unterwolle. Dies deutet auf den Ursprung in einem warmen Klima, wie das des Mittelmeeres, und nicht in einem kalten Klima wie im Tibet oder in China hin. Daher scheint es sicher, daß sich die Rasse von West nach Ost ausgebreitet hat, nicht umgekehrt.

Kleine Hunde wurden Händlern als Geschenke an einflußreiche Persönlichkeiten im Orient gegeben. Dies war die Fortsetzung einer alten Tradition in China und im Tibet, wo schon die Kaiser und Dalai Lamas Pekingesen und Lhasa Apsos bei besonderen Gelegenheiten tauschten; der Shih-Tzu, eine Kreuzung der vorgenannten Rassen, ist das Produkt dieses Brauches. Der Malteser wurde zweifelsohne auf ähnliche Weise verwendet, denn, es sollten im 19. Jahrhundert Malteser von Asien nach England gelangen.

Die Bedeutung Maltas

Mit großer Wahrscheinlichkeit kann man annehmen, daß die Mittelmeerinsel Malta als Ursprung des Maltesers gilt. Dies soll jedoch **nicht** heißen, daß die Rasse auf dieser kleinen Insel entstanden ist, sondern vielmehr, daß von dort das Interesse an ihr ausging. Malta ist eine winzige Insel, und allein aus diesem Grund ist es natürlich, daß man bestrebt war, auch möglichst kleine Haustiere zu halten.

Nach Ausweitung der Handelsrouten erhielt Malta strategische Wichtigkeit. Hier errichteten die Phönizier Kolonien während ihrer Ausbreitung nach Westen. Sie wurden im 6. Jahrhundert v. Chr. von den Karthagern übernommen. Danach erfolgten Invasionen von Römern, Türken, Arabern und Normannen. Nach 1530, als die Insel Lehngut der „Knights of St. John of Jerusalem" wurde, folgt eine relativ lange Friedenszeit. Malta blieb bis zur Unabhängigkeitserklärung 1964 unter britischer Herrschaft.

In der Zeit der Phönizier und Karthager gab es in vielen Teilen der Erde kleine Schoß- und Damenhündchen, und einige davon wurden wahrscheinlich von Händlern nach Malta gebracht. Zum Teil kamen diese Tiere um Christi Geburt aus Ägypten. Auf Kunstgegenständen aus dieser Zeit findet man kleine, relativ lang behaarte Hunde, die meist einfarbig und hell pigmentiert waren. Diese Hunde mögen wohl ursprünglich eine Funktion als Rattenfänger gehabt haben, aber es scheint offensichtlich, daß sie später eher Statussymbol wurden.

Aufgrund von Literaturhinweisen gilt es als sicher, daß Kaiser Claudius einen solchen Hund besaß, und wie erwähnt, haben auch Aristoteles und Plinius diese Hunde gekannt. Es ist nur natürlich, daß, wenn dieser Hund ein Statussymbol der regierenden Schicht Roms war, er auch in den Kolonien von entsprechender Wichtigkeit war. Dies wird durch die Tatsache belegt, daß Publius, der römische Gouverneur auf Malta, einen malteserähnlichen Hund besaß, den er nach der Insel Issa benannte. Um den Prestigegedanken zu erhalten, wurde die Rasse sorgfältig bewacht, und Besitzer solcher Hunde gab es nur in der Oberschicht.

Der Malteser hatte gegenüber anderen Rassen den Vorteil, daß seine Zucht kontrolliert und Kreuzungen meist beabsichtigt und nicht zufällig waren. Durch totale Isolation der Insel wurde der Malteser aber ständig ingezüchtet. Dies führte nach gewisser Zeit dazu, daß eine deutliche Vereinheitlichung des Typs erreicht wurde. Das gab es für andere Rassen in diesem Ausmaß nicht, und diese Festigung des Typs unterstützt die Malta-Theorie, denn selbst, wenn der Malteser nicht ursprünglich von dort stammt, so wurde er dort doch rein erhalten.

Der Malteser in England

Malta beeinflußte ebenfalls die Popularität der Rasse in neuer Zeit. Die Beherrschung der Insel durch die Knights of St. John über mehrere Jahrhunderte hinweg bedeutete, daß in dieser Zeit, da England zu den weltgrößten Seemächten gehörte, reger Austausch zwischen Mutterland und Kolonien betrieben wurde. Dies betraf auch den Malteser. Anfang des 15. Jahrhunderts kamen einige dieser Hunde an den englischen Hof. Dort waren sie etwas Ungewohntes und nicht sehr beliebt. Sie waren auch nicht an die Lebensumstände im Renaissance-England gewöhnt: Das Klima war für diese Zwerge zu rauh, und da es noch keine Heizung gab, konnten sie damals nicht überleben. Hinzu kam, daß man in England zu dieser Zeit große Jagd- und Wachhunde bevorzugte.

Im 19. Jahrhundert sah es in Großbritannien ganz anders aus: Sowohl die Lebensumstände als auch der Geschmack hatten sich geändert. Noch einmal wurden wenige Exemplare nach England gebracht, und diesmal wurde der Malteser anfangs zwar zögernd, aber dennoch herzlicher angenommen. Erst nachdem Königin Victoria einen Malteser geschenkt bekam, wurde die Rasse allmählich allgemein akzeptiert. Die

Hugh, berühmter Siegerrüde zu Ende des 19. Jahrhunderts

königliche Gunst änderte den Nationalgeschmack, was dazu führte, daß der Malteser als Rasse im Englischen Kennel Club anerkannt wurde. 1859 wurde ein Malteser namens Psyche auf einer englischen Ausstellung erstmals gezeigt. Diese Hündin war zusammen mit dem Rüden Cupid von den Philippinen gekommen, und die beiden waren ursprünglich als Geschenk für Königin Victoria gedacht. Aufgrund ihres verfilzten Zustandes verblieben sie jedoch beim Bruder des Kapitäns, der Mastiff-Züchter war.

Anfänge der Zucht in England

Einen frühen Namen in der Rasse machte sich Lady Giffard, deren Hunde für ihr reinweißes, bodenlanges Seidenhaar bekannt waren. Konkurrenzlos war ihr Rüde Hugh, geboren 1875 aus Prince x Madge. Zwischen 1900 und 1917 gab es zahlreiche Exporte in die USA und Kanada, aber nach dem ersten Weltkrieg schienen nur sehr wenige Malteser überlebt zu haben, denn auf Ausstellungen erschien die Rasse kaum noch. Es ist Mrs. Roberts (geb. van Oppen) zu verdanken, daß es wieder Malteser in England gibt: Sie hatte ihr Leben lang diese Hunderasse besessen und bereiste Anfang der 20er Jahre das europäische Festland auf der Suche nach typischen Maltesern. Sie importierte aus Deutschland vier tragende Hündinnen, später noch vier Junghunde, und so wurde die Rasse, zusammen mit den wenigen Restbeständen in England, wieder aufgebaut. Noch heute finden sich Malteser aus ihrer Zucht, die den Zwingernamen „Harlingen" trugen, in den Ahnentafeln unserer Hunde, wenn man die Ahnenreihe komplett zurückverfolgt.

Eine andere Züchterin, die ebenfalls in die Geschichte der Rasse einging, war Mrs. Watts, die unter dem Zwingernamen „Lilywhite" züchtete. Ihre Zuchtbasis entstammte aus Hunden von Königin Victoria, und die Nachzuchten aus dieser Linie sind bis zu unseren heutigen Maltesern dokumentiert.

Weiß-schwarzer Malteser, wie er bis zu Anfang des 20. Jahrhunderts erlaubt war (Bild im Besitz des englischen Königshauses)

Im Jahr 1904 wurde der Malteser offiziell den Begleithunden zuge-
teilt, allerdings gab es bis 1912 neben „weiß" noch eine Klasse für
„andersfarbige". Für diese war das obere Gewichtslimit mit 4,5 kg ange-
geben, während die „Weißen" bis knapp 7 kg wiegen durften. Um die
„Andersfarbigen" gab es seit jeher Diskussionen, da sie von namhaften
Kynologen nicht als echte Malteser anerkannt wurden, und man ging
dann dazu über, sie als „Lion Dogs" (Löwchen) zu bezeichnen. Während
man bei den Lion Dogs die traditionelle Schur beibehielt, beließ man
den Malteser im vollen Haar. Die ab und an bei Malteserwürfen vorkom-
menden Welpen mit Abzeichen wurden nach und nach durch Zuchtaus-
lese eliminiert. Beim heutigen Malteser erinnern allenfalls die vom
Standard tolerierten hellbeigen Abzeichen an das „bunte Vorleben" der
Rasse.

Malteserzucht in Deutschland

Die Mehrzahl der 1931 in das englische Zuchtbuch eingetragenen Malteser sind Nachkommen des Rüden White Darling vom Welfenschloß,
gezüchtet von Elfriede Handke aus Berlin. Leider ist von den deutschen
Zuchtbüchern von vor 1955 nichts mehr erhalten, so daß sich das Zuchtgeschehen von Anfang bis Mitte unseres Jahrhunderts nicht mehr
rekonstruieren läßt. Im ersten von der Rasse erhaltenen Zuchtbuch, es
ist das Zuchtbuch des **Verbandes Deutscher Kleinhundezüchter e. V., Band
1955,** ist immerhin die beachtliche Welpeneintragungszahl von 72 festzustellen, dabei auch Welpen von Elfriede Handke, die bis zu diesem
Zeitpunkt mindestens 25 Jahre gezüchtet hatte. Der letzte Wurf im „vom
Welfenschloß"-Zwinger fiel am 22. 6. 1970.

Ab Anfang 1970 ließ die Beliebtheit der Rasse in Deutschland plötzlich nach, und es gab nur noch wenige Eintragungen. Im Jahr 1975 nahm
das Interesse wieder zu, allerdings erfolgte der Wiederaufbau nicht mit
Hilfe der früheren Bestände, sondern es erfolgte ein kompletter Neuan-
fang mit Importen von Maltesern aus Amerika, England, Holland und
der Tschechoslowakei. Es wurden innerhalb kurzer Zeit eine ganze
Anzahl von Zwingern gegründet, von denen einige wenige noch aktiv
sind. Der Aufschwung hält an und hat sich mit jedem Jahr bis heute
gehalten, ja, sogar vergrößert.

Weiterer Aufschwung durch die Wiedervereinigung

Aus dem Zuchtbuch der ehemaligen DDR wurden allein etwa 400 Zuchthunde übernommen. Die dortige Zuchtbasis begründete sich in der Hauptsache aus tschechischen, polnischen und teilweise ungarischen Importen. Eine Verbindung zur westdeutschen Zucht besteht durch den 1968 von Frau Meta Wisniewski gezüchteten und nach der ČSSR verkauften Rüden Int. Ch. Orlo von Schinjanga Tanga, der in zahlreichen DDR-Ahnentafeln zu finden ist. Leider wurden die Malteser-Zuchtbücher der ehemaligen DDR den westdeutschen Zuchtverbänden nach der Wiedervereinigung nicht übergeben, und so müssen wir uns begnügen, das Zuchtgeschehen anhand der Ahnentafeln der übernommenen Zuchthunde zu rekonstruieren.

Der in der DDR gezüchtete Malteser ist etwas herber im Typ, hält sich aber eher an die vom Standard vorgegebenen Gewichtsangaben von drei bis vier kg. Leider sind die Züchter der neuen Bundesländer etwas zögerliche Aussteller. Das mag daran liegen, daß man die Konkurrenz der in der Präsentation sehr viel geübteren Malteserbesitzer aus den alten Bundesländern scheut, dies wird sich aber gewiß mit der Zeit ausgleichen. Reger Erfahrungsaustausch der Züchter untereinander wäre hier sehr wünschenswert.

Ein sehr auffälliger Unterschied zwischen Ost- und West-Malteser liegt in der Fruchtbarkeit: Im Westen betragen die Wurfstärken seit Jahren etwa drei Welpen je Wurf, dagegen sind im Osten Wurfstärken von vier bis fünf absolut an der Tagesordnung und Würfe von sechs bis sieben Welpen durchaus nicht ungewöhnlich!

Wesen und Charaktereigenschaften

Der Malteser war seit jeher ein Schoßhund. Diese Bezeichnung wird zwar üblicherweise etwas abwertend verwendet, im Grunde bedeutet sie jedoch, daß solche Hunde rein zur Gesellschaft für den Menschen gezüchtet und gehalten wurden. Es handelt sich um freundliche, fröhliche Tiere, die ihrem Besitzer und ihrer Familie treu ergeben sind und diese im Rahmen ihrer Möglichkeiten auch beschützen. Jagdtrieb, Aggressionen und Gebrauchshundeeigenschaften besitzen sie nicht.

Annsarah's Irish Misty Morn auf Entdeckungsreise
(Z. u. Bes. Hermann und Brigitte Kirchner)

__Annsarah's X'Pression,__ mit fünf Monaten im „Wuschelalter"
(Z. u. Bes. Hermann und Brigitte Kirchner)

Wenn Fremde verbellt werden, so meist nur, weil die geliebte Intimsphäre gestört wird, und wenn einmal über eine kurze Strecke eine Maus verfolgt wird, dann ist lediglich der natürliche Spieltrieb durchgegangen. Dagegen besitzt der Malteser eine ausgeprägte Neugier. Er muß einfach alles gesehen haben und über alles Bescheid wissen, was innerhalb seines Umfeldes vor sich geht.

Aufgrund seiner schnellen Auffassungsgabe ist er mühelos in der Lage, kleine Kunststückchen zu erlernen; es darf nur nicht in „Arbeit" ausarten und muß immer im Rahmen von Spaß und Spiel bleiben. Druck und Strenge mag er überhaupt nicht, und es ist verblüffend, wie so ein kleiner Hund plötzlich „taub" werden kann, wenn er etwas nicht hören will; aber für kleine Belohnungen oder überschwengliches Lob ist der Malteser sehr empfänglich. Diese Schwäche sollte man auch in der Erziehungsstrategie ausnutzen, und man wird erstaunt darüber sein, wie leicht der Malteser dann zu führen ist. Er fügt sich spielend in seine Umgebung ein und paßt sich an.

Je nachdem, ob er in einer lebhaften Familie (auch mit Kindern) lebt oder bei einem ruhigen Ehepaar oder einer Einzelperson, wird sich sein Temperament ausprägen. Zu langen Spaziergängen ist er zwar körperlich durchaus in der Lage, aber er braucht sie nicht für sein Wohlbefinden. Es genügen zur Not einmal einige Runden um den Block oder Freilauf im Garten. Trotzdem ist der Malteser ein Hund, und er genießt es, eine fremde Umgebung zu erforschen und andere Hunde kennenzulernen. Solche Erlebnisse sollte man ihm unbedingt regelmäßig gönnen.

Zu wem paßt der Malteser?

Aufgrund seiner geringen Größe ist der Malteser ohne weiteres in kleinen Wohnungen zu halten; er ist geschickt in der Lage, pfeilschnell um Einrichtungsgegenstände herumzumanövrieren, wenn er seine Umgebung erst einmal kennt. So kann er auch in der heute eher hundefeindlichen Umwelt, wo mancher grüne Fleck mit einem Hundeverbotsschild versehen ist, seinen Bewegungsdrang ausreichend befriedigen. An Kinder ist er ohne Schwierigkeiten zu gewöhnen, wenn man die im Kapitel „Eingliederung in die Familie" näher beschriebenen Grundregeln beachtet. Für Personen, die viel unterwegs sind, bietet er sich ebenfalls an, er kann fast überallhin mitgenommen werden. Eine kleine Tasche oder Box, in die er nach kurzer Zeit freudig von selbst „einsteigt", genügt, und unternehmungslustig, wie er ist, genießt er kleine Ausflüge immer gerne.

Kurzum, der Malteser ist der ideale Partner für alle, die einen lustigen, schmusigen kleinen Freund wollen, der zwar anspruchsvoll in Sachen Liebe, aber sehr bescheiden in bezug auf Platz, Hochleistungsspaziergänge und „Geländerallyes" ist. Bei letzterem würde unweigerlich die Haarpracht kapitulieren, die dem Malteser das gewisse „Etwas" verleiht.

Wer sich für einen Malteser entscheidet, sollte Spaß am Kämmen und Pflegen von Hunden haben und dafür auch täglich eine gewisse Zeit fest

*Wer vier Malteser im Haar halten will, muß viel Mühe und Zeit für die Pflege auf-
bringen (Bes. Renate Gross)*

einplanen. Das Äußere des Hundes ist häufig einer der Gründe, weshalb
sich Hundebesitzer für eine bestimmte Rasse entscheiden. Das Bild des
Maltesers wird in der Hauptsache durch das lange, weiße Haarkleid
bestimmt, und sich dieses Merkmal zu erhalten ist nur möglich, wenn
vom Besitzer gewisse Anstrengungen, und zwar regelmäßig, unternommen werden.

20

FCI-Standard

Unter einem Standard versteht man die Beschreibung der Rasse in allen Teilen, so wie der Hund aussehen und aufgebaut sein soll. Diese Standards werden von dem Land herausgegeben, in dem die jeweilige Rasse ihren anerkannten Ursprung hat. Für den Malteser ist dies Italien, was bedeutet, daß der italienische Dachverband (ENCI) den Inhalt des Rassestandards festlegt. Die FCI (der internationale Dachverband – Fédération Cynologique Internationale) verwaltet diesen und sorgt für dessen Verbreitung und Einhaltung innerhalb der Länder, die der FCI angeschlossen sind.

Der Standard stellt immer das Idealbild einer Rasse dar, kaum ein Hund wird ihn je in allen Punkten voll erfüllen, abgesehen davon, daß ein Standard niemals so formuliert ist, als daß nicht Platz für verschiedene Auslegungsmöglichkeiten wäre. Der Malteser-Standard hatte ursprünglich einen Rüden zum Vorbild, der um die Jahrhundertwende als idealer Rassevertreter galt. Dieser Hund wurde in allen Teilen vermessen und beschrieben, und so entstand ein Rassestandard, der bis heute in fast unveränderter Form gültig ist. Dieser Standard liest sich entsprechend und ist für Laien mitunter unverständlich, daher wird hier eine vereinfachte Version verkürzt wiedergegeben. Die Originalfassung, die am 10. 2. 1992 zum letzten Mal überarbeitet und deren Übersetzung von der FCI offiziell anerkannt wurde, kann beim Zuchtbuchamt des **Verbandes Deutscher Kleinhundezüchter e.V.** unter Einsendung eines frankierten und adressierten Rückumschlages abgefordert werden.

Allgemeine Erscheinung. Klein, mit gestrecktem Rumpf. Von einem sehr langen, weißen Haarmantel bedeckt, ist er sehr elegant und trägt den Kopf stolz und vornehm.

Wichtige Proportionen. Die Rumpflänge ist um ein gutes Drittel größer als die Widerristhöhe (WRH). Die Kopflänge entspricht etwa der Hälfte der WRH.

Kopf. Seine Länge entspricht etwa der Hälfte der WRH. Er ist eher breit, etwas breiter als die halbe Länge.

Schädelregion. Der Oberkopf ist etwas länger als der Fang und etwas breiter als die halbe Kopflänge. Die Form ist leicht oval. Die obere Schädelpartie ist flach, das Hinterhauptbein wenig ausgeprägt.

21

Stop. Der Stirnabsatz ist stark betont und bildet einen Winkel von 90°.

Gesichtsregion

Nasenschwamm. In der Verlängerung des Nasenrückens. Groß, Nasenlöcher geöffnet, unbedingt schwarz pigmentiert.

Fang. Fanglänge entspricht 4/11 der Kopflänge; Fang darf von vorne gesehen nicht viereckig erscheinen. Der Nasenrücken verläuft waagrecht.

Lefzen. Lefzen fein. Obere und untere Lefzen schließen komplett. Lefzenränder müssen unbedingt schwarz pigmentiert sein.

Kiefer. Normal entwickelt, nicht kräftig, perfekt zusammenpassend. Unterkiefer weder vorstehend noch fliehend.

Zähne. Zahnbögen passen perfekt aufeinander und schließen als Scherengebiß. Zähne weiß, Gebiß gut entwickelt und vollständig.

Augen. Von lebhaftem, aufmerksamem Ausdruck, größer als normal und mit kreisrunder Lidöffnung. Augenlider fest am Augapfel anliegend. Augen nicht eingefallen oder hervorquellend. Augenweiß nicht sichtbar. Augenfarbe dunkelocker; die Lidränder sind schwarz.

Ohren. Nahezu dreieckig. Sie sind hoch über dem Jochbein angesetzt, kaum abgehoben, hängend getragen und an den Schädelseiten anliegend.

Hals. Obwohl reichlich mit Haar bedeckt, setzt er sich deutlich erkennbar vom Nacken ab. Seine obere Linie verläuft gebogen, seine Länge entspricht etwa der halben WRH. Er wird aufrecht getragen und zeigt keine Hautfalten.

Rumpf. Um ein gutes Drittel länger als WRH.

Rückenlinie. Bis zum Rutenansatz gerade. Widerrist etwas erhaben.

Brust. Brustkasten geräumig und reicht über die Höhe der Ellbogen hinab; Rippen nicht sehr stark gewölbt. Brustumfang um 2/3 größer als WRH.

Kruppe. Sehr breit und lang.

Rute. In der Verlängerung der Kruppe angesetzt, dick an der Wurzel, dünn an der Spitze. Länge etwa 60 % der WRH. Sie wird in einem großen Bogen über den Rücken getragen, so daß die Spitze die Kruppe zwischen den Hüftknochen berührt. Eine seitwärts zu einer Rumpfseite auftreffende Spitze wird toleriert.

22 **Verhalten und Wesen.** Lebhaft, zärtlich, sehr gelehrig, sehr intelligent.

Gliedmaßen

Vordere Gliedmaßen. Gut am Körper anliegend, Beine gerade. Trocken, mit wenig sichtbaren Muskeln, aber eher kräftigem Knochenbau. Beinlänge zwischen unterem Ballen und Ellbogenspitze entspricht etwa 55 % der WRH. Fußwurzel in der Verlängerung des Unterarms, sehr beweglich, ohne Verdickungen.
Pfoten. Rund, Zehen gut geschlossen. Ballen und Zehenkissen schwarz. Nägel ebenfalls schwarz oder zumindest von dunkler Farbe.
Hintere Gliedmaßen. Von kräftigem Knochenbau, parallel zueinander gestellt. Oberschenkel mit kräftiger Muskulatur versehen. Vorderer Sprunggelenkwinkel beträgt 140°. Pfoten entsprechen in allen Teilen den vorderen.
Bewegung. Gleichmäßig, fließend und schnell, frei, mit kurzer und sehr schneller Schrittfolge.
Haut. Am ganzen Körper gut anliegend, mit dunklen Flecken pigmentiert. Die Lid- und Lefzenränder sind schwarz.
Haarbeschaffenheit. Dicht, glänzend, schwer herabfallend und von seidiger Textur. Am ganzen Körper lang und in seiner ganzen Länge glatt, ohne Locken oder Wellen. Schwer auf den Boden fallend wie ein Umhang, der sich dem Körper anschmiegt, ohne sich zu öffnen und ohne Locken zu bilden.

Locken und Flocken sind nur bei den Vorderbeinen von Ellbogen bis Pfote und bei den Hinterbeinen von Knie bis Pfote zulässig. Unterwolle fehlt. Auf dem Kopf ist das Haar sehr lang. Das Haar vom Nasenrücken vermischt sich mit dem Barthaar, das Schopfhaar mit den Ohrbehängen. Das Rutenhaar fällt nur zu einer Rumpfseite und reicht bis zum Sprunggelenk.
Farbe. Reines Weiß; eine blasse Elfenbeintönung ist zulässig. Spuren einer blassen Orangetönung, die den Eindruck von verschmutzten Haaren hervorruft, werden toleriert, sind aber unerwünscht und stellen eine Unvollkommenheit dar.
Größe und Gewicht. WRH Rüden: 21 bis 25 cm; WRH Hündinnen: 20 bis 23 cm; Gewicht: 3 bis 4 kg.
Fehler. Jede Abweichung von der vorstehenden Rassebeschreibung muß als Fehler angesehen werden, dessen Bewertung in genauem Verhältnis zum Grad der Abweichung stehen sollte; dies gilt auch für beidseitiges Schielen, und wenn die Rumpflänge die WRH um 43 % und mehr überschreitet.

*links (liegend): Deutscher Jugendchampion **Maltea's Petit Point** – rechts: Deutscher Champion **Maltea's Zizi Jeanmaire** (Z. Thomas Scharfenberg, Bes. Karin Finkbeiner)*

Schwere Fehler. Deutlich gewölbter Nasenrücken, ausgeprägter Vor- oder Rückbiß, wenn dadurch das Aussehen des Fanges beeinträchtigt wird. Rüden größer als 26 oder kleiner als 19 cm. Hündinnen größer als 25 oder kleiner als 18 cm WRH.

Disqualifikation. Ausgeprägte Divergenz oder Konvergenz der Begrenzungslinien von Schädel und Fang; völlige Depigmentierung des Nasenschwammes oder Nasenschwamm von anderer Farbe als schwarz.

24

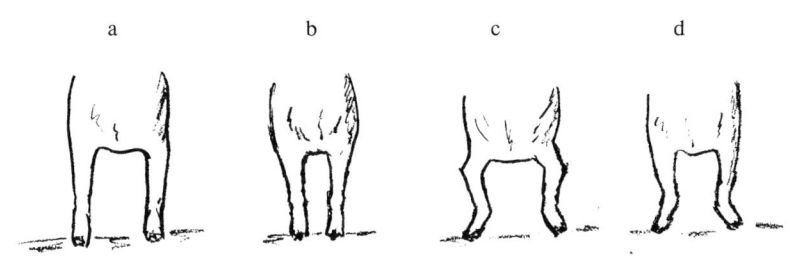

Front

a) Korrekt gestellte Vorderläufe
b) Zu schmale, enge Front
c) Ausgedrehte Ellbogen und ausgedrehte Pfoten
d) Ausgedrehte Pfoten (französischer Stand)

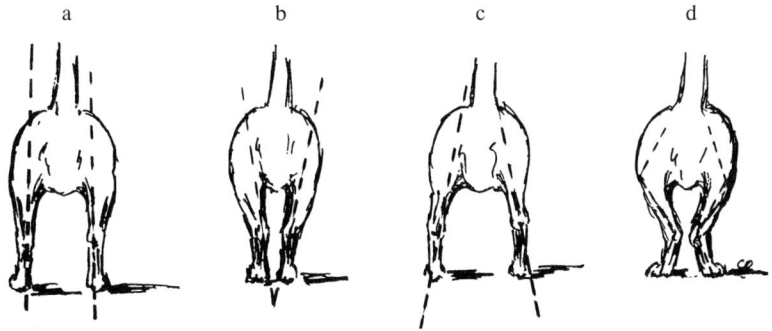

Hinterhandstellung

a) Korrekt parallel:
   gedachte Linien von Sitzbeinhöcker → Knie → Sprunggelenk → Pfote
   sind parallel
b) Zu eng:
   gedachte Linien von Sitzbeinhöcker → Knie → Sprunggelenk → Pfote
   konvergieren
c) Zu breit:
   gedachte Linien von Sitzbeinhöcker → Knie → Sprunggelenk → Pfote
   divergieren
d) Kuhhessig:
   gedachte Linien von Sitzbeinhöcker → Knie → Sprunggelenk → Pfote
   werden durch ausgedrehte Knie und eingedrehte Sprunggelenke zweifach
   gebrochen

25

Vorbiß, verschiedenfarbige Augen, völlige Depigmentierung der Lidränder, angeborene oder erworbene Rutenlosigkeit oder Stummelrute. Jede andere Haarfarbe als Weiß mit Ausnahme der blassen Elfenbeintönung; abgegrenzte Abzeichen, egal von welcher Größe.

Anmerkung. Rüden müssen zwei sichtlich normale und völlig ins Skrotum abgestiegene Hoden aufweisen.

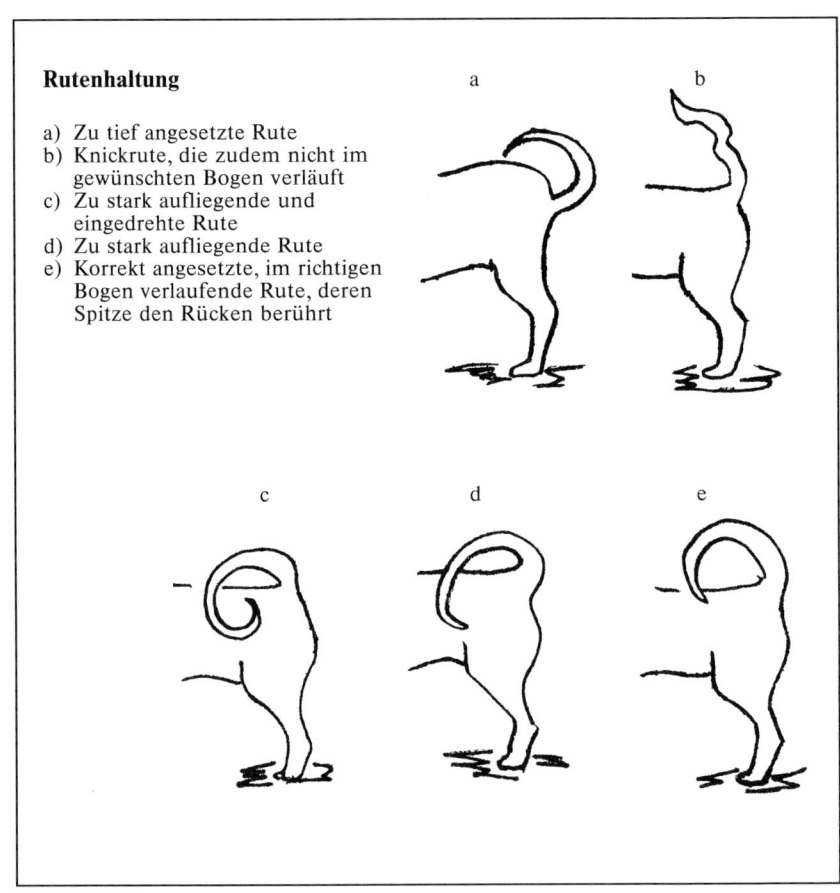

Rutenhaltung

a) Zu tief angesetzte Rute
b) Knickrute, die zudem nicht im gewünschten Bogen verläuft
c) Zu stark aufliegende und eingedrehte Rute
d) Zu stark aufliegende Rute
e) Korrekt angesetzte, im richtigen Bogen verlaufende Rute, deren Spitze den Rücken berührt

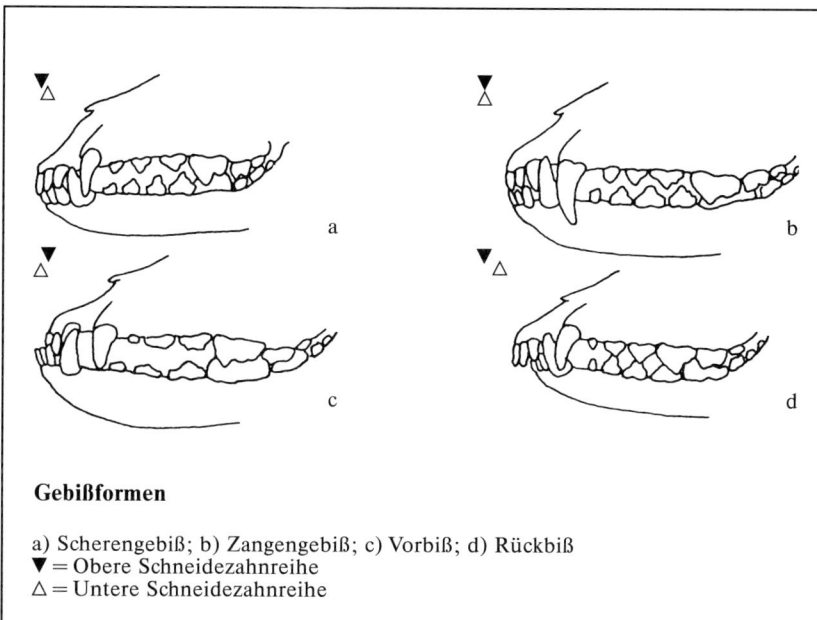

Gebißformen

a) Scherengebiß; b) Zangengebiß; c) Vorbiß; d) Rückbiß
▼ = Obere Schneidezahnreihe
△ = Untere Schneidezahnreihe

Kritische Anmerkungen
zum aktuellen Stand der Rasse

Kritisch betrachtet, muß man sich leider eingestehen, daß die Qualität der Malteser, insgesamt gesehen, in den letzten Jahren eher schlechter als besser geworden ist. Hunde, die vor 10 Jahren erfolgreich waren, könnten heute wieder mühelos die Spitze übernehmen, und das muß nachdenklich stimmen. Es mag vielleicht an den diversen konkurrierenden Vereinen liegen, die, um möglichst viele Eintragungszahlen zu bekommen, in der Erteilung von Zuchtzulassungen etwas unkritisch geworden sind. Glücklicherweise handelt es sich nicht um Probleme, die die Vitalität der Rasse ernsthaft beeinträchtigen, so daß man trotz allem behaupten kann, daß der Malteser ein robuster Kleinhund ist, der ohne großes tierärztliches Zutun ein beträchtliches Alter erreichen kann.

Dennoch ist auf nachstehende Punkte gewisses Augenmerk zu richten:

Größe

Das im Standard verlangte Gewicht von 3 bis 4 kg wird bei vielen Maltesern derzeit nicht erreicht. Das Durchschnittsgewicht dürfte bei etwa 2,5 kg liegen. Wenn dieser Tendenz nicht Einhalt geboten wird, insbesondere, was Hündinnen betrifft, steuern wir unweigerlich auf das Problem „Geburtsschwierigkeiten" zu. Züchter und Zuchtrichter sollten in erster Linie das Wohlergehen und den Fortbestand der Rasse im Auge haben und nicht die Modewünsche der Welpeninteressenten. Schwergeburten, dadurch bedingte hohe Welpensterblichkeit und Kaiserschnitte sind deutliches Signal dafür, daß man dabei ist, gewisse Grenzen zu unterschreiten. Hier sollte man umdenken, bevor es zu spät ist. Wenn Züchter **„Mini-Malteser"** inserieren und diese noch als Rarität zu einem höheren Preis verkaufen, ist das nicht nur unseriös, weil diese Hunde eindeutig nicht standardkonform sind, der Käufer sollte sich auch darüber im klaren sein, daß seine teuer erworbene Besonderheit unter Umständen anfälliger und weniger gesund sein kann als ein „normaler" Malteser.

28

Proportionen

Immer wieder wird beim Malteser ein **„schöner kurzer Rücken"** als Positivmerkmal hervorgehoben. Laut Standard muß der Rücken um etwa ein Drittel länger sein als die Widerristhöhe: Der standardkonforme Malteser erscheint also eher länglich! Die Züchter sollten froh sein, daß die Vorgaben im Standard so vernünftig sind, um es bei dieser kleinen Rasse zu ermöglichen, daß den Welpen ausreichend Platz für ihre Entwicklung bleibt. Wenn der amerikanische Standard (der nicht dem FCI-Standard entspricht und für Ausstellungen in FCI-angeschlossenen Ländern keine Anwendung findet) einen eher kurzen Malteser bevorzugt, dann sollten wir uns diesem Trend nicht anschließen. Dasselbe gilt auch für die größere Schädelwölbung und kürzere, stumpfere Fangform. Der daraus resultierende puppige Gesichtsausdruck spricht zwar an, und es ist verständlich, daß man nur allzuleicht versucht ist, diesen Typ zu favorisieren, man fördert damit aber Gebißprobleme, persistierende Fontanellen, Geburtsschwierigkeiten und manches andere mehr.

Rückenlinie

Ein fester, gerader Rücken ist leider selten geworden. Gerade die Rückenlinie gibt einen ersten Hinweis darauf, wenn anatomisch etwas nicht in Ordnung ist. Bei korrekter Anatomie mit einwandfreien Winkelungen bleibt die Rückenlinie gerade und stabil, und zwar im Stand und in der Bewegung. Was nützt es, wenn der Hund vom Aussteller tadellos in den Stand gebracht wird (mit ein bißchen Drücken hinten und Ziehen vorne), aber wenn der Hund losläuft, fällt die ganze Pracht in sich zusammen. Mängel in der Rückenlinie sind hauptsächlich bedingt durch nicht ausreichende Rückenmuskulatur, Deformationen der Wirbelsäule, falsche Längenverhältnisse von Vorder- und Hintergliedmaßen oder schlechter Hinterhandwinkelung. Diese Mängel sind samt und sonders gravierend, da die Balance der Bewegungsabläufe beeinträchtigt wird, und für einen Hund, der als Lauftier konzipiert ist, müssen solche Fehler entschieden mehr bestraft werden, als dies heute auf Ausstellungen der Fall ist.

***Montana vom Herzogstein** – hochtypische Hündin mit korrekt gestellten Vorderläufen (Z. u. Bes. Karin Finkbeiner)*

Vorderläufe

Seit jeher ist es eine Herausforderung an die Malteserzüchter, gerade Vorderläufe zu erreichen. Zu keiner Zeit ist es je richtig gelungen. Man kann es den Züchtern noch nicht einmal verübeln, wenn sie zuwenig Gewicht auf diesen Schwachpunkt legen: Die meisten Zuchtrichter haben sich an den Mangel gewöhnt, so daß munter „gekreuzt und gestrickt" werden kann, einen ersten Preis gibt es dann am Ende doch. Bei entsprechend langem und üppigem Haarkleid scheint eine schlechte Frontbewegung außerdem besonders schwer auszumachen zu sein.

Kniescheibenluxation

Hiervon sind so gut wie alle Kleinhunderassen mehr oder weniger stark betroffen. Auch der Malteser wird nicht verschont. Ursachen sind zu lose

Bänder oder mangelhafte Ausbildung der Rillen in den Knochen der Kniegelenke, so daß die Kniescheiben sich nicht nur, wie vorgesehen, von oben nach unten bewegen, sondern auch seitlich wegrutschen können. Dieses Verrutschen der Kniescheibe ist für geübte Finger deutlich fühlbar, wenn das Kniegelenk entsprechend bewegt wird, mitunter ist auch ein deutliches Knacken zu hören. Die Veranlagung ist vererblich.

Es gibt verschiedene Ausprägungsgrade: Manche Hunde zeigen nur gelegentliches, leichtes Humpeln. In schweren Fällen wird der Hinterlauf überhaupt nicht mehr aufgesetzt, und das Tier läuft überwiegend auf nur drei Beinen. Meist sind beide Kniegelenke betroffen, so daß manchmal lediglich eine Operation bleibt. Leichte Ausprägung wirkt sich teilweise nicht auf den Bewegungsablauf aus oder nur von Zeit zu Zeit, so daß die betroffenen Tiere häufig ohne weiteres in die Zucht gelangen und ihre Veranlagung an die Nachkommen weitergeben. Ab 1994 werden im Verband Deutscher Kleinhundezüchter die Hunde im Rahmen der Zuchtzulassungsprüfung auf Kniescheibenluxationen untersucht und somit ein erster Schritt unternommen, diesem Übel beizukommen.

Haarkleid

Die chemische Industrie „beglückt" uns mit allerlei Produkten, die zumindest für die kurze Zeit, die der Hund im Ausstellungsring steht, über eine vorhandene schlechte Haarbeschaffenheit hinwegtäuschen können: Kein Haarproblem, für das es nicht ein passendes Mittel gäbe! Die Anwendung dieser Mittel führt jedoch leider mitunter dazu, daß ein optisch guter Eindruck des frisch für die Ausstellung zurechtgemachten Hundes erreicht wird, ungeachtet der Tatsache, daß die genetische Veranlagung für schlechte Haarqualität dadurch nicht beeinflußt wird. Der Richter bewertet den Hund so, wie er ihn vor sich sieht, er kann nicht wissen, womit dieses Aussehen erreicht wurde.

Der Teufelskreis schließt sich, wenn entsprechend hochprämierte Tiere verstärkt in die Zucht gelangen, wo sie ihrerseits wieder für Nachkommen sorgen, die ebenfalls keine natürlich gute Haartextur besitzen.

Der Leidtragende ist der Privatbesitzer, der mit dem Haarkleid seines Maltesers nicht zurechtkommt, und leider nur allzu häufig schneidet der entnervte Hundehalter seinem Malteser das Haar einfach ab. 31

***Kathleen vom Herzogstein** besitzt eine optimale Haarbeschaffenheit: dicht, glatt und schwer fallend (Z. u. Bes. Karin Finkbeiner)*

Das korrekte Malteserhaar ist, wie im Standard beschrieben, „schwer, glatt und wie Seide". Hunde mit dieser optimalen Haartextur sind selten „blütenweiß", denn die gewünschte Schwere und Festigkeit erhält das Haar über Farbstoffe. Das „reine Weiß", wie es der Standard vorschreibt, ist auch nicht als strahlendes Weiß zu interpretieren (das allzuoft nur durch optische Aufheller in eigenes für weiße Hunde entwickelten Shampoos erreicht wird), sondern als gedecktes oder „Naturweiß".

Schweres Seidenhaar wirkt immer schlicht und erreicht nie die optische Wirkung des voluminöseren, leichteren Haarkleides, das zwar für den Laien bestechend aussieht, aber nicht dem Standard entspricht.

Gute Haartextur erkennt man daran, daß eine Strähne, die man aus dem Haar herausnimmt, hochhebt und losläßt, schnell und geschlossen herunterfällt; sie ordnet sich von selbst fast unauffällig wieder in das Resthaar ein.

32

Ein Malteser soll ins Haus

Wo kaufe ich meinen Hund?

Hierauf gibt es nur eine Antwort: **Beim Züchter!** An Züchteradressen kommt man über die Welpenvermittlungsstellen der Hundezuchtverbände. Von dort erhält man Anschriften von Züchtern, die in der Nähe der Interessenten wohnen. Malteserzüchter sind über das gesamte Gebiet der BRD gleichmäßig verteilt, so daß allzu große Anfahrtswege nicht notwendig sind. Züchter, deren Anschrift man durch Privatanzeigen erhält, sollte man fragen, bei welchem Verband sie züchten; VDH-angeschlossene Züchter sind normalerweise immer eine gute Adresse. Strengste Zucht- und Wurfkontrollen verhindern, daß sich schwarze Schafe in diesen Verbänden wohl fühlen! Trotzdem ist es ratsam, sich mehrere Züchter anzuschauen. Ein Malteser kann sehr alt werden, und die Auswahl des Züchters, der mit den Grundstein für Gesundheit und Charakter des Hundes legt, ist von größter Bedeutung.

Man sollte sich davor hüten, im Hundehandel zu kaufen! Gerade in letzter Zeit gelangen Billigimporte aus Ostblockländern zu uns, und wer solche Tiere schon gesehen hat, weiß, in welch erbärmlichem Zustand sie zumeist sind. Schon allein die Vorstellung, daß „Züchter" ihre kompletten Welpenbestände Händlern zum Weiterverkauf überlassen, zeugt davon, wie wenig solchen Produzenten am Schicksal ihrer Tiere liegt. Es bedarf keiner großen Phantasie, sich vorzustellen, mit welch minimalen Mitteln sie aufgezogen wurden, und oft scheint es ihnen schon ausreichend zu sein, wenn der Welpe den Tag des Verkaufs überlebt.

Es ist erschreckend, daß viele dieser Tiere die ersten Wochen beim neuen Besitzer trotz tierärztlicher Hilfe nicht überleben, falls doch, sind sie nicht selten für ihr ganzes Leben anfällig; durch langwierige Behandlungen mit Medikamenten und Unterversorgung des Organismus in der Zeit des Wachstums entstehen Schäden an Knochenbau und Organen, die auch später nicht mehr zu beheben sind, von entsprechenden Verhaltensstörungen erst gar nicht zu reden. Der vielleicht etwas höhere Kaufpreis bei einem seriösen Züchter ist eine gute Investition, zumal der echte Tierfreund den Hundehandel, der teilweise schon von vornherein

33

auf den Faktor „Mitleid" setzt, niemals mit dem Kauf eines Welpen unterstützen sollte.

Das ideale Abgabealter ist 10 bis 12 Wochen. Bis dahin sollte auch die zweimalige Grundimmunisierung (Staupe, Hepatitis, Leptospirose und Katzenseuche) erfolgt sein, so daß Ihre Neuerwerbung gefahrlos Kontakt mit seiner neuen Umwelt aufnehmen kann. Zumeist sind Welpen dann schon einigermaßen stubenrein, und die Umstellung auf feste Nahrung ist so weit erfolgt, daß die Fütterung für den neuen Besitzer problemlos ist.

Wichtig ist auch ein Vertrauensverhältnis zum Züchter, das es dem Hundebesitzer jederzeit erlaubt, sich mit Fragen oder Problemen an ihn zu wenden.

Rüde oder Hündin?

Die Unterschiede liegen beim Kleinhund am wenigsten im Charakter, und so ist man in dieser Beziehung frei, was die Auswahl anbetrifft. Aufgrund des langen Haarkleides ist der Rüde im Bereich des Bauchhaares etwas pflegeintensiver, die Hündin hat dagegen zweimal jährlich ihre Hitze und bedarf entsprechender Aufmerksamkeit.

Wenn weitere Hunde im gleichen Haus oder in der Nachbarschaft gehalten werden, ist es ratsam, sich für einen Hund desselben Geschlechts zu entscheiden, sonst könnten sich Probleme ergeben. Als Besitzer der einzigen Hündin im Umkreis kann es äußerst lästig sein, die nachbarlichen Verehrer während der kritischen Tage fernzuhalten, und ein ständig liebeskranker Rüde bei überwiegend weiblicher Nachbarschaft dürfte nicht gerade das sein, wovon der Hundehalter träumt.

Auswahl und Kauf

Schon vor dem Kauf sollten Sie sich Gedanken darüber machen, ob Ihr Malteser ein reiner Familienhund sein soll oder ob Sie später gerne züchten bzw. ausstellen wollen. Der Züchter wird Sie entsprechend bei der Auswahl beraten. Wer Zucht- und Ausstellungshunde im Welpenalter kauft, geht ein Risiko ein, denn nicht jeder vielversprechende Welpe erfüllt bei seiner Entwicklung die in ihn gesetzten Hoffnungen, und auch der ehrlichste Züchter ist nicht immer in der Lage, alles vorauszusehen. Es wäre besser, zumindest den Zahnwechsel abzuwarten.

34

Maltea's Corianda mit sieben Monaten; ab diesem Alter sind negative Entwicklungen kaum mehr zu befürchten

Der vielversprechende Malteserwelpe zeigt im Abgabealter schon eine schwarze Pigmentierung an den gewünschten Stellen, das Haar sollte dicht und möglichst glatt sein. Gelbe Abzeichen, insbesondere an den Ohren sind in diesem Alter kein Fehler, sondern deuten eher auf eine gute Veranlagung für Pigment und Haartextur hin. Die Abzeichen werden normalerweise mit dem Fellwechsel zwischen 6 bis 12 Monaten verschwinden. Ganz leichter Tränenfluß läßt sich meistens darauf zurückführen, daß das auf dem Nasenrücken wachsende Haar noch nicht die Länge hat, um nach unten zu fallen, so daß Haarbüschel, die Kontakt zu den Augen haben, leichtes Tränen verursachen können. Rötlich verfärbte Haare im Bereich der inneren Augenwinkel sind also unbedenklich, aber bei größeren verfärbten Stellen sollte man schon vorsichtig sein, insbesondere dann, wenn auch die erwachsenen Hunde unsaubere Gesichter aufweisen. Man läuft Gefahr, daß eine Veranlagung zu verstärktem Tränenfluß vorliegt, und in einem solchen Fall wird man ständig Probleme mit häßlichen Tränenflecken haben.

Bei VDH-Züchtern ist es üblich, daß ab einem Welpenalter von sieben Wochen Wurfabnahmen stattfinden. Hierbei erstellt der Zuchtwart einen Bericht mit der Beschreibung jedes einzelnen Welpen. Auffälligkeiten werden vermerkt, und der ehrliche Züchter wird gerne bereit sein, Sie den Bericht, von dem er einen Durchschlag besitzt, einsehen zu lassen.

Welpen sollten aufgeweckt und verspielt sein. Im Laufe der Entwicklung gibt es jedoch Phasen, während denen Junghunde natürliches Mißtrauen gegenüber Fremden haben. Auch sind durchaus nicht alle Welpen zum gleichen Zeitpunkt in Hochform; je nachdem, ob ein kleiner Hund während der letzten Stunde vor Ihrem Eintreffen geschlafen oder getobt hat, wird er lebhafter oder träger sein. Daher sollte man sich ausreichend Zeit nehmen, die Welpen zu beobachten, um sich dann zwischen denen, die zur Auswahl stehen, zu entscheiden.

Der Kaufpreis für einen einwandfreien Malteserwelpen liegt ab etwa DM 1.500, Impfungen, Ahnentafel usw. eingeschlossen. Besonders hoffnungsvolle Tiere sind entsprechend Alter, Abstammung und Qualität teurer. Es ist üblich, daß schriftliche Kaufverträge abgeschlossen werden, in denen ggf. auch Sondervereinbarungen geregelt sind.

Grundausstattung

Bevor Sie Ihren Welpen beim Züchter abholen, sollten Sie folgendes bereit haben:

Ein Hundekörbchen oder eine Hundehöhle, wobei geflochtenes Weidenmaterial zu vermeiden ist, da dieses gerne benagt wird und die dabei entstehenden Spitzen eine Verletzungsgefahr (hauptsächlich für die Augen) darstellen. Empfehlenswert sind Höhlen aus Stoff oder Plüsch, die gleichzeitig den Vorteil haben, daß sie leicht und bequem in der Waschmaschine zu waschen sind.

Kamm und Bürste. Lassen Sie sich am besten vom Züchter beraten, um Fehlkäufe zu vermeiden.

Futternapf und Wasserschüssel. Manche Züchter bieten ihren Welpen Wasser nicht aus Schüsseln, sondern aus Kaninchentränken an. Hier sollte man das anschaffen, was der Welpe kennt. Tränken haben einiges für sich, und es ist eine Überlegung wert, ob man einen Welpen, der nicht daran gewöhnt ist, langsam darauf umstellt. Vor allem auf Reisen sind sie bequem, weil sie auch während der Fahrt einsetzbar sind. Das Wasser ist immer vor Verunreinigung geschützt, und der Bart bleibt trocken.

Transportbox. Speziell bei Autofahrten sollte ein Hund immer darinsitzen, denn schon bei relativ harmlosen Auffahrunfällen kann es böse Verletzungen geben, wenn der Hund durchs Auto geschleudert wird, oder wenn bei zerborstenen Fensterscheiben der Hund im Schock ziellos davonläuft. Für die erste Autofahrt ist es zwar besser, wenn eine Zweitperson den Welpen auf dem Schoß hält und beruhigt, aber ansonsten sollte sein fester Platz in der Box sein.

Eine Leine wird man meistens vom Züchter mitbekommen. Es sind sogenannte Ausstellungsleinen, die sehr dünn und leicht sind und bei denen Halsband und Leine eine Einheit bilden. Sie sind unabhängig von der Größe des Hundes, passen in jede Hosentasche und schonen das Haar, weil sie nur angelegt werden, wenn man sie wirklich braucht. Das dauernde Tragen von Halsbändern ist für Malteser nicht ratsam, weil das Haar verfilzt und beim ständigen Anlegen und Abnehmen geschädigt wird.

Futter für die ersten Tage werden Sie ebenfalls vom Züchter mitbekommen, falls nicht, sollten Sie bei Fertigpräparaten das kaufen, was der Welpe gewöhnt ist. Umstellung auf anderes Futter sollte langsam erfolgen, um Verdauungsstörungen zu vermeiden.

Spielsachen, wobei alte geknotete Socken, Stofftiere mit herausgetrennten Glasaugen und Plastiknasen o. ä. dieselben Dienste erweisen wie teures Spezialspielzeug. Abgekochte Kalbsknochen sind künstlichen Knochen vorzuziehen, weil der Welpe beim Nagen wertvolle Mineralien zu sich nimmt. Im Übermaß gegeben, können sie allerdings Verstopfungen verursachen.

Der Welpe

Eingewöhnung

Nach der Ankunft im neuen Heim setzt man den Welpen am besten in seine Höhle, dann heißt es abwarten. Er soll selbst entscheiden, wann er den Mut findet herauszukommen, um seine neue Umgebung zu erkunden, und meist läßt er auch nicht lange auf sich warten. Zu Anfang ist es besser, ihn in einem Raum zu halten, den er gut überblicken kann. Später, wenn er sich sicher fühlt, darf er den Rest der Wohnung erobern. Es ist darauf zu achten, daß Steckdosen und Stromkabel unerreichbar für ihn sind. Falls nötig, sollte man Kindersicherungen einbringen.

Die Fütterung sollte im gleichen Rhythmus erfolgen wie beim Züchter. Welpen, die es gewohnt sind, ständig Futter vorzufinden, müssen langsam auf feste Futterzeiten umgestellt werden. Sie kennen es nicht, zu bestimmten Zeiten größere Futtermengen zu sich zu nehmen, sondern gehen relativ häufig an die Futterschüssel, um jeweils nur wenig zu nehmen. Wenn plötzlich stundenlang kein Futter bereitsteht, können sie, insbesondere nach wildem Spielen, einen plötzlichen Abfall des Blutzuckerspiegels erleiden, was sich in Schlappheit und Taumeln äußert. Wird nichts unternommen, wird der Welpe bewußtlos, die Körpertemperatur sinkt, und die Situation sieht nicht nur dramatisch aus, sie ist es auch. Schon beim ersten Anzeichen sollte dem Welpen gesättigte Traubenzuckerlösung gegeben werden, dann erholt er sich in kurzer Zeit. Der beschriebene Zuckerschock tritt nur bei Welpen bis zu einem Alter von etwa fünf Monaten auf, meist sind es auch nur die „Minis", die betroffen sind. Später ist der Organismus von sich aus in der Lage, den Blutzuckerspiegel konstant zu halten.

Für die Nacht ist der Welpe am besten in einem großen Behälter vor dem Bett untergebracht; in diesem sollte Platz für eine Schlafstelle, Wasser und einen kleinen Toilettenteil sein. Wenn der Kleine weint, kann man ihn schnell trösten, ohne daß man aufstehen muß. **Welpen gehören nicht mit ins Bett!** Abgesehen davon, daß eine „trockene" Nacht eher der Glücksfall ist, wäre die Gefahr des Herausfallens zu groß.

Eingliederung in die Familie

Der Welpe sollte unbedingt von Anfang an in normale Alltagssituationen eingewöhnt werden. Also kein Welpenkauf, wenn man gerade wochenlang Urlaub hat oder die Kinder für längere Zeit außer Haus sind. Der Welpe würde es nicht verstehen, wenn er nach der Urlaubszeit plötzlich für Stunden allein gelassen würde, und auf „fremde" Kinder würde er unweigerlich mit Eifersucht reagieren.

Im Zusammenleben mit Kindern ist folgendes zu beachten: Besonders kleinen Kindern muß es verboten sein, den Welpen herumzutragen; ein Sturz aus einem Meter Höhe kann tödlich sein! Die Höhle des Welpen gehört nur ihm. Hierhin muß er sich zurückziehen können, wenn er seine Ruhe braucht. Spielsachen, die er dort versteckt hat, dürfen von Kindern ebenfalls nicht herausgenommen werden. Der Hund ist kein lebendiges Spielzeug, und Kleinstkinder dürfen nicht unbeobachtet mit Welpen alleine gelassen werden. Hunde, die sich bedrängt fühlen und sich nicht mehr zu helfen wissen, werden naturgemäß mit Aggressionen reagieren; dabei liegt es nicht am Charakter des Hundes, sondern am mangelnden Verständnis für seine elementarsten Bedürfnisse.

Zwischen Kind und Hund sollte sich eine möglichst natürliche Beziehung entwickeln. Dazu gehört auch, daß Kinder selbstverständlich gewisse Pflichten am Hund übernehmen sollten, wie Gassigehen, Kämmen oder Füttern. Erziehungsmaßnahmen am Hund sollten jedoch den Erwachsenen vorbehalten bleiben, da Kinder damit überfordert sind, angemessen zu strafen.

Selbst verspürte Erziehungsmaßnahmen werden häufig unmittelbar und ohne Grund an das nächstschwächere Glied der Familie weitergegeben, und das dürfte zumeist der Hund sein.

Erziehung

Gewisse Eigenschaften, die der Malteser von Natur aus mitbringt, machen es relativ einfach, ihn zu erziehen: Zum ersten ist er recht schlau, zum zweiten hat er ein natürliches Bedürfnis, es seinem Herrn rechtzumachen. Der Hund lernt **aus Erfahrung,** d. h., er teilt aufgrund der Reaktionen des Besitzers sein Tun ein in die Kategorien **„das darf ich"** und **„das darf ich nicht",** wobei sich manches schon beim ersten Mal in seinem Gedächtnis einprägt, manchmal bedarf es einiger Wiederholun- 39

Annsarah's Irish Misty Morn erwartet ihre Belohnung nach einem Ausstellungstraining

gen. Grundvoraussetzung dafür, daß dieses einfache Schema funktioniert, ist bedingungslose Konsequenz, damit der Welpe auch die Chance hat, seine Erfahrungen zu „sortieren", und daß die Reaktion auf sein Tun so erfolgt, daß er diese auch in Zusammenhang damit bringt. Zum besseren Verständnis ein Beispiel: Der Welpe ist sich selbst überlassen. Um sich die Zeit zu vertreiben, zerfleddert er die teure Seidentapete. Der Besitzer kommt zur Tür herein, der Welpe wird ihn natürlich stürmisch und freudig begrüßen. In diesem Moment sieht der Besitzer den Schaden und schimpft mit dem Hund. Der Kleine, der die Tapete über die Begeisterung schon längst vergessen hat, muß den Tadel zwangsläufig mit der Begrüßung in Verbindung bringen! Man sieht also, daß die Erziehung eines Welpen einiges Fingerspitzengefühl erfordert. Der ältere Hund, der schon Erfahrungen gesammelt hat, hätte den Tadel wahrscheinlich richtig eingeordnet.

Um dem Welpen die „Auswertung seiner Erfahrungen" zu erleichtern, sollten stets kurze, sich gut unterscheidende Befehle verwendet

40

werden, wie „Brav!", „Pfui!" oder „Nein!". Die Unterstreichung eines Lobes mit einem kleinen Leckerbissen ist äußerst hilfreich. Bestrafung über einen Tadel hinaus sollte sich maximal auf ein energisches Schütteln am Nackenfell des Welpen beschränken, eine Erziehungsmethode, die er schon von seiner Mutter her kennt. Die Bedeutung der Befehle „Sitz!", „Komm!" oder „Bring!" lernt er am leichtesten in Verbindung mit Spielen, in denen diese Kommandos erzieherisch wirksam eingebaut werden.

Hunde sind sozial so veranlagt, daß sie innerhalb ihrer Meute entweder befehlen oder gehorchen. Hat er einmal begriffen, daß Sie der „Meuteführer" sind, ist es für ihn nur natürlich, daß er sich Ihnen unterordnet.

Stubenreinheit

Welpen, die von seiten des Züchters schon daran gewöhnt sind, ihre „Geschäfte" auf Zeitungspapier oder in der Katzentoilette zu erledigen, machen dem neuen Besitzer, von gelegentlichen „Irrtümern" abgesehen, kaum Mühe. Manche Welpen sind so zuverlässig und an ihre Zeitung gewöhnt, daß es unmöglich ist, sie zu veranlassen, sich im Freien zu lösen. Hier hilft ein einfacher Trick: Man legt eine Zeitung an die Stelle im Freien, wo man „es gerne hätte". Das hat zudem den Vorteil, daß der Hund diesen Platz, wenn er ihn einmal akzeptiert hat, auch später regelmäßig benutzt.

Schwierigkeiten gibt es, wenn dem Welpen erziehungsmäßig jedes Verständnis für Sauberkeit abgeht. Hier ist Geduld und ständiges Beobachten angesagt. Zumeist „müssen" Welpen nach erfolgter Futteraufnahme oder nach längerem Schlafen. Dann sollte man den Kleinen sofort nach draußen bringen; war der Gang erfolgreich, muß überschwenglich gelobt werden. „Geschäfte zwischendurch" kündigen sich durch aufgeregtes Suchen oder Sich-im-Kreis-Drehen an, meist reicht es dann gerade noch, den Welpen hinauszubringen oder auf die Zeitung zu setzen. Wer konsequent am Ball bleibt, wird schon bald entsprechende Erfolge verbuchen können.

Leinenführigkeit

Zumeist wird man den Welpen erst einmal daran gewöhnen müssen, daß er etwas um den Hals hat. Hier haben wir gute Erfahrungen mit

Mutter und Sohn aus dem Zwinger „Maltea's" von Thomas Scharfenberg

Uhrenarmbändern gemacht, die der Kleine schnell akzeptiert. Danach kann man, wenn man dabei ist, den Welpen mit einer leichten Leine um den Hals frei in der Wohnung laufen lassen. Abgelenkt durch Leckerbissen, kann man dann das Leinenende anheben, und unser Zögling, der immer bestrebt ist, hinter oder neben seinem Herrn herzulaufen, wird sich unversehens daran gewöhnt haben.

Kleine Hunde – große Kläffer?

Leider ist diese Gleichung oft Realität. Schuld daran sind nicht zuletzt die Besitzer, die es „süß" finden, wenn der Kleine beim Spielen bellt. Bestätigt durch eine solche Reaktion, ist es nicht verwunderlich, wenn der Hund durch diese „Fehlprogrammierung" später zum Kläffer wird, was auf Dauer, vor allem für die Nachbarn, überhaupt nicht mehr lustig ist. Aggressionen gegenüber großen Hunden haben meist dieselbe Ursache, im eigenen Interesse muß schon den Anfängen energisch gewehrt werden, denn nicht jeder große Hund besitzt die Gelassenheit, solche „Frechheiten" ganz einfach zu ignorieren, und das erste Zubeißen kann für Ihren Liebling das letzte sein!

Die Entwicklung zum erwachsenen Hund

Bis sich das kleine, etwa drei Pfund schwere Wollknäuel zu einer fertigen Malteserschönheit entwickelt, vergeht etwa ein Jahr. Während dieser Zeit durchlebt der Junghund Phasen, in denen sich nicht nur sein Äußeres deutlich verändert. Das Größenwachstum ist um so schneller beendet, je kleiner der ausgewachsene Hund bleibt. Das flauschige Babyhaar wird ab etwa dem fünften Monat unmerklich durch das seidige, glänzende Erwachsenenhaar ersetzt (dabei verschwinden auch die dunkleren Abzeichen), zum etwa gleichen Zeitpunkt erfolgt der Zahnwechsel. Zuerst fallen die oberen und unteren Schneidezähne heraus, später folgen die hinteren Zähne. Der Zahnwechsel sollte mit etwa sieben Monaten abgeschlossen sein, verbleibende Milcheckzähne sollten vom Tierarzt gezogen werden, sofern es sich um die unteren handelt. Sie können die nachkommenden neuen Zähne nach innen drücken und später einen korrekten Gebißschluß verhindern.

*Champion **Annsarah's Ace up the Sleeve** mit neun Monaten: Er wird bald seine ersten Erfahrungen mit Wicklern machen*

43

Bei guter Haartextur und sorgsamer Pflege erreicht das Haar mit etwa einem Jahr Bodenlänge, und für Ausstellungshunde werden dann spezielle Pflegemaßnahmen notwendig.

Deutliche Veränderungen ergeben sich auch im Wesen. Der „pflegeleichte" Welpe, der sich widerspruchslos in den Lebensablauf eingegliedert hatte, zeigt sich plötzlich widerspenstig. Bei Spaziergängen entfernt er sich weiter als bisher, und man kann sich auch durchaus nicht mehr darauf verlassen, daß er beim ersten Rufen zurückkommt. Vor allem der Junghund mit „Führungsqualitäten" wird irgendwann erproben, ob sich die Rangordnung nicht doch zu seinen Gunsten ändern läßt. Je energischer ihn man in dieser Zeit vom Gegenteil überzeugt, desto schneller ist diese „Flegelphase" überwunden.

Der alte Hund

Wie die meisten Kleinhunderassen hat auch der Malteser eine hohe Lebenserwartung; ein guter Prozentsatz erreicht 15 Jahre und mehr. Wie beim Menschen ist der Begriff „alt" nicht mit einer Angabe von Jahreszahlen zu definieren, auch beim Hund gibt es hier erhebliche Unterschiede. Neben genetischer Veranlagung für hohes Alter tragen auch Haltung, artgerechte Ernährung und körperliches Training erheblich dazu bei, den Hund fit zu halten. Erste Anzeichen des Älterwerdens sind Zahnverluste (was linienbedingt schon bei relativ jungen Hunden vorkommen kann), größeres Schlafbedürfnis, Nachlassen der Sehkraft und des Gehörs. Bei gleichbleibender Futtermenge und weniger Bewegung neigt der alte Hund dazu, dicker zu werden, so daß die Ernährung entsprechend umgestellt werden muß.

Der alte Hund findet schnell heraus, daß es sich neben dem warmen Ofen besser lebt als draußen bei Schnee und Regen, so daß es manchmal nicht leicht ist, ihn davon zu überzeugen, daß ein Spaziergang gut für ihn ist.

Spezielle Ratschläge für den Umgang mit dem alten Hund erübrigen sich schon deswegen, weil der erfahrene Halter, der viele Jahre mit seinem Hund zusammengelebt hat, besser mit den Alterserscheinungen seines Tieres umzugehen wissen wird, als es jede Bücherweisheit beschreiben könnte.

44

Renate Gross mit vier Senioren: Der Rüde vorne ist 13, die Hündin rechts über 11 Jahre alt

Die Pflege des Maltesers

Kämmen und Bürsten

Da der Malteser zu den pflegeintensivsten Rassen überhaupt gehört, ist es wichtig, daß er schon im Welpenalter an diese Prozedur gewöhnt wird. Er kann dabei auf dem Schoß gehalten oder auf einen Tisch gelegt werden. Man beginnt mit Bürsten, weil man mit dem Kamm zuviel Haar ausreißen würde. Die Bürste ist entweder aus Naturborsten, oder man benutzt eine Drahtbürste, deren Borsten nicht zu fest sitzen und am Ende keine Noppen haben. Das Haar soll immer nur trocken gebürstet werden, weil sich nasses Haar zu sehr dehnen läßt und dann zum Abbrechen neigt. Verfilzungen sind mit einem Spray zu behandeln, um sie leichter auskämmbar zu machen. Man beginnt am besten mit dem Bauchhaar und arbeitet sich Lage für Lage zum Mittelscheitel hoch, dann dreht man den Hund um und macht die andere Seite fertig.

*Champion **Vairette Raphaello** (Bes. Roswitha Becker)*

Danach kommen Kopf und Rute. Verfilzungen werden vom Rand her mit einer weichen Bürste vorsichtig entwirrt, aber niemals herausgeschnitten. Nach dem Bürsten arbeitet man mit einem Metallkamm nach, zum Schluß wird das Kopfhaar hochgebunden.

Der Scheitel wird mit einem Kamm vom Hinterhauptbein bis zum Rutenansatz gezogen und erhält danach mit einer dünnen Stricknadel o. ä. die letzten Korrekturen. Damit er gut fixiert wird, sprüht man verdünnten Haarfestiger auf und hält den Hund solange fest, bis das ganze wieder vollkommen trocken ist.

Baden

Da dem Haar mit jedem Baden Fette und Proteine aus der Schutzschicht entzogen werden, sollte man den Hund nur mit Shampoo waschen, wenn es wirklich notwendig ist. Zwischendurch reicht es bei normal verschmutzten Hunden aus, wenn sie mit lauwarmem Wasser abgeduscht werden. Shampoos kauft man im Fachhandel (man kann sie, wie alle anderen Pflegemittel auch, über Katalog bestellen). Da nicht jedes Malteserhaar gleich ist, muß man ausprobieren, welches sich für den einzelnen Hund als optimal erweist. Das einfachste ist, den Hund dem Züchter vorzustellen, er hat die größte Erfahrung mit den jeweiligen Texturen und weiß unter Umständen gleich, welches Mittel für Ihren Hund das beste ist. Dasselbe gilt für Spülungen und Öle. Wenn Sie meinen, die geeigneten Produkte für Ihren Malteser gefunden zu haben, dann bleiben Sie auch bei diesen, denn es ist nicht gut für das Haar, wenn alle paar Wochen neue Mittel verwendet werden.

Beim Baden ist darauf zu achten, daß der Scheitel möglichst erhalten bleibt. Zuerst wird der Körper gut naßgemacht, dann ohne zuviel Rubbeln schamponiert. Erst zum Schluß kommt der Kopf. Damit die Augen durch das Shampoo nicht gereizt werden, kommt vor dem Baden in jedes Auge ein Tropfen Öl oder Augensalbe, trotzdem sollte kein Shampoo in die Augen kommen. Nachdem das Haar gründlich ausgespült wurde, kann man noch eine Spülung auftragen, die einige Minuten einwirken muß und dann ebenfalls völlig heruntergewaschen wird. Spülungen machen das Haar leichter kämmbar und haben rückfettende Wirkung. Das Haar wird nach dem Baden noch in der Wanne ausgewrungen, dann wird mit Handtüchern die restliche Nässe so gut wie möglich **ausgedrückt** (nicht trockenrubbeln!).

47

Bevor das Haar ausgebürstet wird, wird es fast trockengefönt. Dabei die Temperatur nicht zu heiß einstellen und mit dem Fön nicht zu dicht an das Tier gehen. Wer mehrere Malteser pflegt oder einen Ausstellungshund hat, wird sich mit der Zeit wohl eine Halterung für den Fön anschaffen oder gleich einen Standfön, so daß man beide Hände frei hat. Erst beim fast trockenen Hund wird mit der Bürste gearbeitet. Sie wird vom Haaransatz gerade nach unten gezogen, dann fällt das Haar gleich gut.

Zur weiteren Pflege gehören neben Baden und Kämmen Maßnahmen, die von Zeit zu Zeit notwendig sind.

Krallenpflege

Bei Hunden, die sich die Nägel nicht ausreichend auf rauhem Boden ablaufen, müssen die Krallen entsprechend geschnitten werden. Es gibt Krallenscheren für Katzen oder kleine Hunde, die sehr bequem zu handhaben sind. Es hat jedoch einen Nachteil, wenn man die Nägel schneidet, das „Leben" wächst weiter vor, und deswegen ist es besser, man feilt. Dafür zieht man auf einen kleinen Holzblock feines Schmirgelpapier und raspelt damit die Krallen einmal wöchentlich etwas ab. Man sollte darauf achten, die Nägel nicht zu sehr zu kürzen, sonst kann es stark bluten. Da Maltesernägel im Idealfall schwarz sind, braucht man etwas Übung, bis man die richtige Kürze herausgefunden hat.

Pfoten

Damit keine für den Hund schmerzhafte Filzknoten zwischen den Ballen entstehen, muß das Haar zwischen Ballen und Zehen mit einer vorne abgerundeten Babynagelschere regelmäßig ausgeschnitten werden. Um die Pfoten gepflegt aussehen zu lassen, werden außerdem die Haare um die Nägel rund in Form geschnitten.

Zahnpflege

Um Zahnstein erst gar nicht entstehen zu lassen, und damit das Gebiß möglichst lange gesund erhalten wird, ist es ratsam, einmal wöchentlich eine Reinigung mit einer Babyzahnbürste oder einer Wimpernbürste vorzunehmen. Dieses Zähneputzen entspricht dem unseren, man verwendet am besten eine milde Zahncreme oder Kinderzahnpasta. Von klein an daran gewöhnt, wird sich der Hund das ohne weiteres gefallen lassen. Ist es schon zur Zahnsteinbildung gekommen, wird eine Generalreinigung, vom Tierarzt unter einer leichten Narkose vorgenommen, nicht zu vermeiden sein, sonst entstehen Zahnfleischentzündungen, die zu frühem Zahnverlust führen. Parodontose, bei Kleinhunden leider sehr verbreitet, läßt bei bestimmten Linien trotz regelmäßiger Pflege früh Zahnausfall auftreten. Bei Hunden mit dieser Veranlagung muß man sich um so intensiver um die Zahnpflege kümmern, damit das Gebiß zumindest so lange wie möglich erhalten bleibt.

Ohrpflege

Hängeohrige Rassen haben oft Probleme mit Ohrmilben, daher müssen die Ohren regelmäßig kontrolliert werden. Beste Voraussetzungen für saubere Ohren schafft man, wenn man die aus dem Ohr wachsenden Haare regelmäßig auszupft. Das natürliche Ohrschmalz kann dann ungehindert abfließen, und das Ohr wird bestmöglich durchlüftet. Sind Ohrmilben vorhanden, muß umgehend etwas dagegen unternommen werden. Der Tierarzt wird ein entsprechendes Mittel geben und die Anwendung erklären. Außer, daß Ohrmilben für Hunde äußerst lästig sind, verursachen sie Haarbruch durch ständiges Kratzen, und häufig sind sie der Grund für übermäßigen Tränenfluß.

Tränenflecken

Zu seiner natürlichen Pflege produziert das Auge Tränenflüssigkeit. Diese fließt im Normalfall in einen Kanal zur Nase hin ab. Ist dieser Abfluß gestört, sei es, weil er verstopft ist oder angeborenerweise zu eng oder überhaupt nicht vorhanden (letzteres ist sehr selten) oder weil aus bestimmten Gründen überreichlich Tränenflüssigkeit produziert wird, dann läuft diese über das Gesicht herunter. Als Folge verfärben sich mit der Zeit die Gesichtshaare rot, im Extremfall dunkelbraun. Bei anderen Rassen fällt das wegen der Fellfarbe teilweise nicht so auf, aber beim Malteser ist das sehr häßlich. Als erste Maßnahme ist die Ursache herauszufinden. Liegt es am Tränenkanal, läßt sich das Problem durch einen kleinen Eingriff beheben. Dasselbe gilt, wenn nach innen wachsende

Wimpern das Auge reizen. Bei vorliegenden Augenentzündungen ist es ratsam, anhand einer Untersuchung die Erreger und das gegen sie wirksame Mittel feststellen zu lassen, damit man gezielt das richtige Antibiotikum anwendet, ohne groß herumzuprobieren.

Um mechanische Reizungen des Auges zu vermeiden, sollten Gesichtshaare, die in Richtung Auge wachsen, stets entsprechend kurz gehalten werden. Damit Tränenflecken nicht erst entstehen, muß die Region unter dem Auge stets trockengehalten werden, sei es durch regelmäßiges Abtupfen mit einem fusselfreien Tuch oder Anbringen von Kartoffelmehl (z. B. Mondamin), das die Flüssigkeit sofort aufsaugt und abgebürstet werden kann. Diesen Vorgang so oft wiederholen, bis das Pulver trockenbleibt. Bei bereits bestehenden Flecken können diese mit einer nicht zu hochprozentigen Wasserstoffperoxidlösung, die mehrmals täglich aufgetragen wird, langsam ausgebleicht werden.

Genauso verfährt man, wenn die Pfoten rötlich verfärbt sind. Es gibt Hunde, die gewohnheitsmäßig ihre Pfoten benagen, was neben dem Abbrechen der Haare auch Rotverfärbungen verursacht. Für diese Tiere sollte man ein Spray besorgen (Bitter Apple), das auf dem Haar einen bitteren Geschmack hinterläßt, so daß die meisten Hunde das Lecken sein lassen. Bei Hunden, die plötzlich anfangen, an ihren Pfoten herumzubeißen, könnten Grasmilben die Ursache sein.

Der Ausstellungsmalteser

Wickeln – es geht nicht „ohne"

Wer seinen Malteser ausstellen will und den Ehrgeiz hat, über einen Formwert von „Vorzüglich" hinaus „vorne" mitzulaufen, wird um das Wickeln nicht herumkommen. Gewickelt wird erst, wenn das Haar beim Junghund Bodenlänge erreicht, vorher hat es keinen Sinn. Allgemein wird von Laien das Wickeln als Tierquälerei abgetan, das ist jedoch nicht richtig. Für den Normalbürger mag es zwar lächerlich aussehen, wenn er einem Hund auf der Straße begegnet, dessen Haare zu Päckchen aufgewickelt sind, aber für das Tier kann es eine Erleichterung sein, wenn die langen Haare auf diese Weise „aufgeräumt" sind und ihm mehr Bewegungsfreiheit bleibt.

Zum Wickeln verwendet man spezielles Wickelpapier, das in Streifen geschnitten und entsprechend der Abbildungen 1 und 2 (siehe Seite 54) gefaltet bzw. vorgeknickt wurde. Der Hund muß vor dem Wickeln eingeölt werden, damit das Haar nicht bricht. Entsprechende Mittel kann man auf Ausstellungen kaufen oder bestellen; es gibt mehrere Sorten, auf jeden Fall muß man darauf achten, daß Öl für weiße Hunde genommen wird, manche Öle färben das Haar gelb.

Vor dem Einlegen ins Wickelpapier muß die Haarsträhne von Ansatz bis Ende durch einen Kamm gezogen werden. Entsprechend der Abbildungen 3 und 4 a bis d (siehe Seite 54) wird das Papier an den vorgeknickten Stellen um das Haar gelegt und der haargefüllte Papierstreifen dreimal hochgeschlagen, so daß ein kleines Päckchen entsteht, das mit einem Gummi wie in Abbildung 4 d zusammengehalten wird. Die Wikkel dürfen nicht zu dicht an der Haut enden, damit sie nicht ziepen. Die Einteilung der Strähnen für die Wickel erfolgt wie in Abbildung 5 (siehe Seite 54), wobei darauf zu achten ist, daß Wickel nie über einem Körperteil angebracht werden dürfen, das sich viel bewegt, um ein Verfilzen zu vermeiden. Außerdem sollen die Aktionen des Hundes durch die Wikkel nicht beeinträchtigt werden. Einteilung des Kopfes, die auf der Abbildung nicht ausreichend dargestellt werden kann: Barthaare des Fangoberteils bis zum Stop ergeben rechts und links einen Wickel. Die Kinnhaare kommen in einen Wickel (Bart- und Kinnhaare selbstverständlich

Einfacher Topknot

1

Bereich der für den
Topknot zu verwenden-
den Haare

2

Haare zu einem
Büschel zusammen-
fassen

3

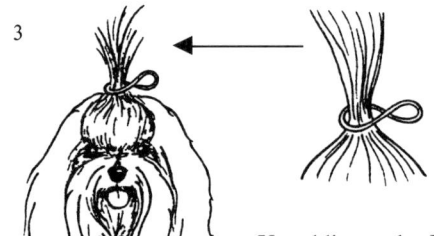

Vergrößerter Ausschnitt
aus Abb. 3

Umschlingen des Haarbüschels mit
einem Zahngummi (je nach Größe des
Gummiringes auch zweifach)

4

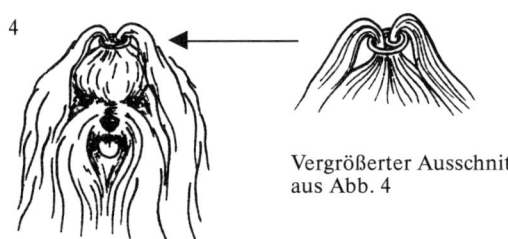

5

Vergrößerter Ausschnitt
aus Abb. 4

Beim letzten Umschlingen
wird nur noch die Hälfte des
Haarbüschels durchgezogen

Zum Schluß wird
noch eine Zier-
schleife aufgesetzt

Amerikanischer Doppel-Topknot

1

Aufteilung der
Schopfhaare für
die Topknots

2

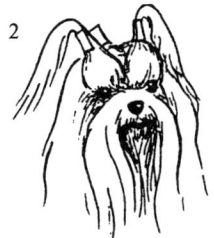

Einlegen der Haare
in weißes Seidenwickel-
papier (a + b)

zu Abb. 2

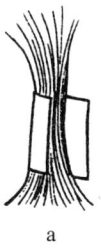  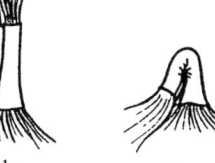 

a   b   c   d

c) Umknicken und
d) mit Zahngummi fixieren

3

Nachdem die
Topknots fixiert
sind ...

4

...werden noch 2 kleine
Zierschleifen angebracht

53

Wickeltechnik

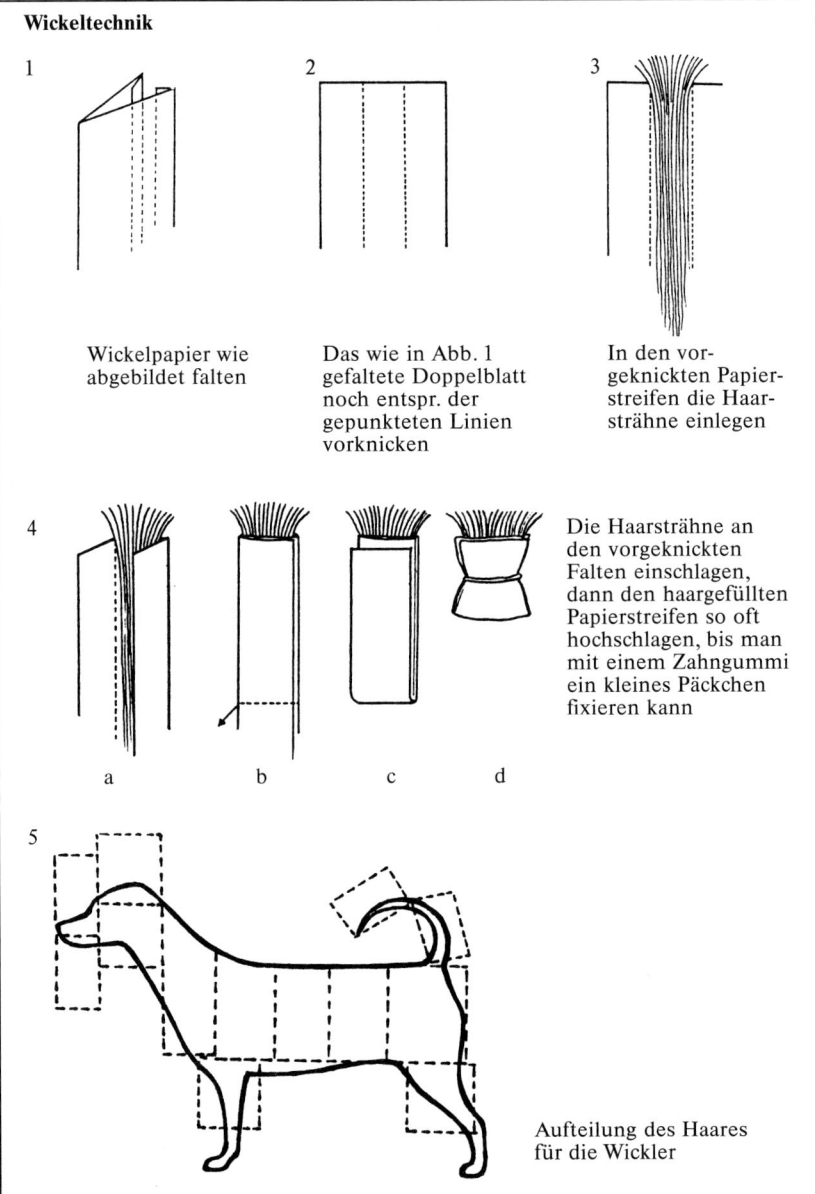

1

Wickelpapier wie abgebildet falten

2

Das wie in Abb. 1 gefaltete Doppelblatt noch entspr. der gepunkteten Linien vorknicken

3

In den vorgeknickten Papierstreifen die Haarsträhne einlegen

4

a   b   c   d

Die Haarsträhne an den vorgeknickten Falten einschlagen, dann den haargefüllten Papierstreifen so oft hochschlagen, bis man mit einem Zahngummi ein kleines Päckchen fixieren kann

5

Aufteilung des Haares für die Wickler

54

sorgfältig getrennt, damit der Hund fressen kann). Schopfhaare vom Stop, seitlich bis zu den Ohransätzen und hinten bis zum Hinterhauptbein ergeben einen Wickel. Die Ohren (Gummis sitzen natürlich unterhalb des Ohrleders) jeweils einen Wickel. Das Haar zwischen Stop, unter den Ohren und Nackenscheitel bis zum oberen Halsansatz ergibt ebenfalls auf jeder Körperseite einen Wickel.

Die Wickel müssen jeden Tag erneuert oder zumindest kontrolliert werden. Je nachdem, wie gut die Haartextur ist, muß täglich oder seltener neu gewickelt werden. Bart- und Kinnwickel bedürfen besonderer Aufmerksamkeit. Damit der Hund ungehindert fressen und trinken kann, werden sie möglichst etwas nach hinten positioniert.

Trotz dieser Beschreibung ist es besser, wenn man sich das Wickeln von einem Experten direkt am Hund vorführen läßt. Wenn der Züchter dazu nicht in der Lage ist, kann man sich an den Zuchtverband wenden, es gibt zahlreiche Landes- und Ortsgruppen, und es findet sich gewiß jemand, der hilft.

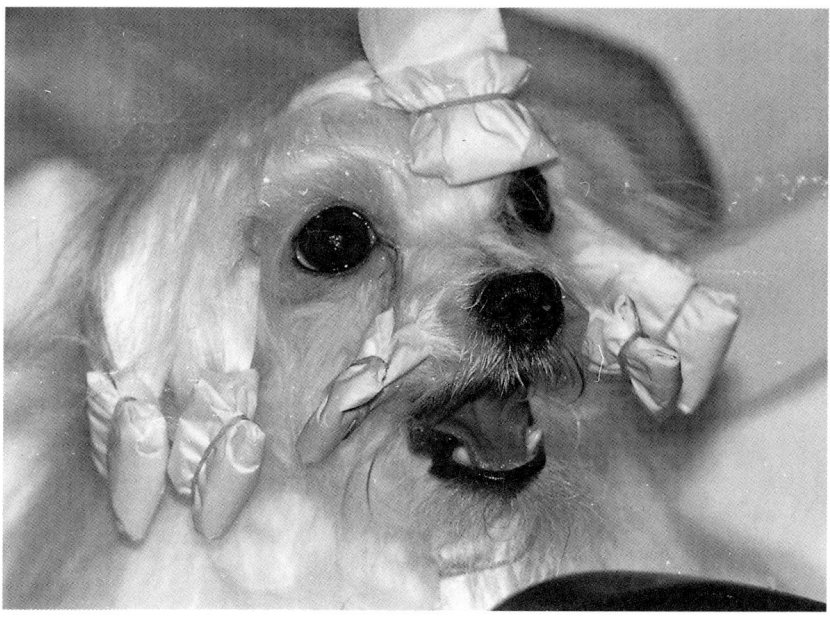

Maltea's Petit Point mit gewickeltem Kopf

Wenn der Hund das erste Mal gewickelt ist, muß er sich natürlich erst an sein neues „Outfit" gewöhnen. Um zu verhindern, daß er selbst oder seine „Mithunde" an den Wicklern herumzerren, kann man ihm ein Mäntelchen anziehen, wie man es fertig kaufen kann. So geschützt, kann auch der Ausstellungschampion ein recht normales Hundeleben führen.

Gewickeltes Haar kann weit über Bodenlänge wachsen, es muß daher auf gut Bodenlänge geschnitten werden, so daß der Hund sich bewegen kann, ohne ständig auf seine Haare zu treten. Nur die Haare der „Hosen" können eine Idee länger belassen werden. Dieser Ansatz einer kleinen Schleppe sieht elegant aus und behindert das Tier nicht.

Der Topknot

Für den Einfachen Topknot werden die in Abbildung 1 (siehe Seite 52) markierten Haare verwendet. Diese werden hochgekämmt und dreimal

56 *Auswüchse der Haarpflege; dieser Malteser kann sich nicht mehr ungehindert bewegen*

Dieses Foto um 1910 beweist, daß der Topknot alles andere als eine moderne Erfindung ist

durch ein Zahngummi*gezogen. Beim dritten Durchziehen nimmt man nur noch eine Seitenhälfte des Haares, so daß beim fertigen Topknot die Haare von selbst zu beiden Seiten über die Ohrbehänge fallen. Mit dem Ende eines Stielkammes lockert man die Haare im vorderen Teil des Topknots noch etwas, damit die Stirnwölbung betont wird, und zum Schluß bindet man eine hübsche Schleife um das Ganze. Diese Schleifen gibt es in den verschiedensten Farben und Ausführungen fertig zu kaufen. Die wenigsten Aussteller machen sich heute noch die Mühe, sie selbst anzufertigen.

Neben dem Einfachen Topknot sieht man seit einigen Jahren auf Ausstellungen die „Doppelhörnchen", die eine amerikanische Erfindung sind und die in den Abbildungen zu „Amerikanischer Doppel-Topknot" gezeigt werden (siehe Seite 53).

---

*Zahngummi = kleiner Gummiring von etwa 1 cm Ø, wie er bei Zahnspangen von Kindern verwendet wird. Kann bei Hundepflegemittelverkäufern bezogen werden.

Beide Topknot-Versionen auf einen Blick. **Miss Elana** *und* **Pretty Belinda vom Herzogstein** *(Z. u. Bes. Karin Finkbeiner)*

Für welche der beiden Varianten man sich entscheidet, ist nicht nur Geschmackssache, man kann damit geschickt Vorzüge seines Maltesers betonen oder kleine Unvollkommenheiten kaschieren. Der normale Topknot eignet sich besonders für Hunde mit etwas „wenig Hals", da durch die hochstehenden Haare die Halslinie optisch verlängert wird. Bei schmaleren Kopfformen ist auch der Einzeltopknot zu wählen, denn wenn die Doppelhörnchen zu dicht beieinander stehen, wirken die Augen engstehend, was einen etwas grimmigen Gesichtsausdruck macht. Doppelhörnchen eignen sich für Malteser mit breiteren Köpfen und kürzerem Fang und bei ausreichender Halslänge. Am besten probiert man vorher aus, in welcher Aufmachung der Hund am vorteilhaftesten aussieht.

Das Ausstellungstraining

Der Richtertisch

Für die Einzelbewertung muß der Hund bei der Ausstellung auf einem Tisch stehen. Dabei wird der Richter den Hund durchfassen, um die Anatomie unter dem Haarkleid abzufühlen und um das Gebiß zu kontrollieren. Die meisten Malteser haben hier keine Probleme, weil sie von den Pflegemaßnahmen her das freie Stehen auf dem Tisch kennen. Allenfalls muß man den Hund damit vertraut machen, daß fremde Personen ihn entsprechend anfassen dürfen, aber das läßt sich üben.

Annsarah's Ace up the Sleeve als Junghund beim Tischtraining

Die Präsentation

Das Vorführen eines Maltesers im Ausstellungsring erfordert vom Führer einiges Können. Man darf nicht erwarten, daß es auf Anhieb klappt. Es gibt zu viele Dinge, die auf einmal zu beachten sind. So gehört einiges Know-how dazu, mit einem Langhaarhund im Ring so umzugehen, daß er trotz des Herauf und Herunters vom Tisch und Befühlen durch den Richter immer gekämmt aussieht, notfalls müssen blitzschnell kleine Nachbesserungen vorgenommen werden. Der Hund muß zudem so geführt werden, daß er immer, wenn der Richter sein Auge auf ihm hat, „showy" ist, das heißt, daß er sich von seiner besten Seite zeigt. Bei der Einzelvorführung wird meist ein großes Dreieck ausgelaufen, damit der Richter das Gangwerk des Hundes von hinten, von der Seite (einschließlich der Rückenlinie) und von vorne bewerten kann. Dafür muß man herausfinden, bei welchem Tempo der Bewegungsablauf am korrektesten wirkt. Bei der anschließenden Einzelbewertung im Stand hat es sich bei den Maltesern so eingebürgert, daß man die Hunde auf dem Boden aufbaut wie auf dem Tisch (Stacking). Dabei ist darauf zu achten, daß dem Richter die Seite des Hundes zugewendet wird, auf die das Rutenhaar fällt.

Annsarah's Victory –
so „steht" ein Ausstellungs-
profi

Das Ausstellungswesen

Allgemeines

Ganz grob unterscheidet man zweierlei Ausstellungsarten: **Internationale Ausstellungen,** die meist über zwei oder manchmal sogar mehr Tage gehen und bei denen eine sehr große Anzahl von Hunden **aller Rassen** gezeigt werden. Die Meldegebühren liegen bei DM 70 bis 100 je Hund, Anmeldefristen sind etwa vier bis sechs Wochen vor der Veranstaltung. **Nationale Ausstellungen** (zumeist Spezialausstellungen einzelner Vereine) gehen meist nur über einen Tag, und es sind nur die Rassen des(r) teilnehmenden Vereine(s) anwesend. Bei den „Kleinhunden", zu denen der Malteser gehört, sind es meist um 100 Hunde.

Letztere Ausstellungen sind insgesamt etwas familiärer und für den Anfänger besser zu bewältigen. Die Meldegebühren liegen bei DM 40 bis 50 je Hund.

Formwertnoten

„Vorzüglich" erhalten Hunde, die dem Rassestandard in fast vollendeter Weise entsprechen, in allen Teilen größte Vollkommenheit aufweisen und die am Ausstellungstag in optimaler Kondition gezeigt werden.
„Sehr gut" können Hunde erhalten, die dem Rassestandard in hohem Maße entsprechen und deren anatomischer Aufbau als nahezu fehlerfrei bezeichnet werden darf, jedoch trotz ansonsten beachtenswerter Formen nicht an die höchste Qualifikation heranreichen.
„Gut" können Hunde erreichen, die im allgemeinen den Rassekennzeichen hinreichend entsprechen, jedoch kleinere Mängel aufweisen.
„Genügend" wird an Hunde vergeben, die zwar im allgemeinen dem Rassestandard noch entsprechen, jedoch größere Mängel aufweisen und sich zur Zucht nicht eignen.

Klasseneinteilung

Jüngstenklasse. Junghunde zwischen 6 und 9 Monaten. Hier werden keine Formwertnoten vergeben, sondern nur die Beurteilungen „Vielversprechend", „Versprechend" oder „Guter Nachwuchs".

Jugendklasse. Junghunde zwischen 9 und 18 Monaten. Formwertnoten wie oben ausgeführt und mögliche Vergabe von Jugend-CAC-Anwartschaften. (CAC = Certificat d'Aptitude au Championat – Anwartschaft auf das nationale Schönheits-Championat)

Offene Klasse. Für Hunde ab 15 Monate. Formwertnoten und mögliche Vergabe von CACIB- und CAC-Anwartschaften. (CACIB = Certificat d'Aptitude au Championat International de Beauté – Anwartschaft auf das Internationale Schönheits-Championat der FCI)

Siegerklasse. Für Hunde, die bei Abgabe der Meldung einen FCI-anerkannten Championtitel führen. Formwertnoten und mögliche Vergabe von CACIB- und CAC-Anwartschaften.

Vergabe von Anwartschaften

In der Verbindung mit der Formwertnote „Vorzüglich" und dem 1. Platz (kurz: V1) oder „Vorzüglich" und dem 2. Platz (V2) können Anwartschaften bzw. Reserve-Anwartschaften zuerkannt werden. Es werden folgende Anwartschaften in Wettbewerb gestellt:

CACIB, Anwartschaft für den Titel „Internationaler Schönheitschampion". Dieses wird nur auf Internationalen Ausstellungen vergeben, und zwar an den jeweils besten Rüden und die beste Hündin einer Rasse. Das heißt, da nur Offene und Siegerklasse CACIB-Anwartschaften erhalten können, müssen die V1-Hunde dieser beiden Klassen um das CACIB konkurrieren. Der zweitbeste Rüde und die zweitbeste Hündin können ein Reserve-CACIB erhalten.

CAC, Anwartschaft für den Titel „Deutscher Champion". Dieser Titel wird vom Rassehundeclub vergeben, ist aber international anerkannt. Im Verband Deutscher Kleinhundezüchter, der u. a. die Malteser betreut, **kann** das CAC jeweils an die V1-Hunde von Offener **und** Siegerklasse vergeben werden, und zwar jeweils für Rüden und Hündinnen. Reserve-CAC für die entsprechenden V2-Hunde.

VDH-CAC, Anwartschaft für den Titel „Deutscher Champion VDH". Dieser Titel wird vom VDH vergeben. Vergabe gleich wie **CAC.** Reserve-VDH-CAC für die entsprechenden V2-Hunde.

Jugend-CAC, Anwartschaft für den Titel „Deutscher Jugendchampion".

Dieser Titel wird vom Rassehundeclub vergeben. Anwartschaft **kann** an

Internationaler und deutscher Champion **Maltea's Valentino** *(Z. Thomas Scharfenberg, Bes. von Hartmann)*

den V1 oder Sehr-gut 1-Hund in der Jugendklasse vergeben werden, jeweils für Rüden und Hündinnen getrennt.

Auf Internationalen Ausstellungen werden alle oben beschriebenen Anwartschaften in Wettbewerb gestellt, d. h., Hunde aus der Offenen- oder Siegerklasse können CACIB, CAC und VDH-CAC, Jugendklasse-Hunde nur Jugend-CAC erhalten.

Auf Nationalen Ausstellungen Anwartschaftsvergabe wie auf Internationalen Ausstellungen mit Ausnahme des CACIB, das nicht in Wettbewerb steht.

Reserve-Anwartschaften können zu Anwartschaften aufrücken, wenn der Hund, der die Anwartschaft gewonnen hat, am Tag der Zuchtschau den entsprechenden Titel schon führt. (Beispiel: Ein Hund, der bereits Internationaler Champion ist, gewinnt ein CACIB. Dieses CACIB wird von der FCI automatisch auf den Reserve-CACIB-Hund übertragen.) 63

Vergabebedingungen für Titel

Internationaler Champion. 4 CACIBs aus 3 Ländern, von 3 verschiedenen Richtern. Mindestabstand zwischen der ersten und letzten Anwartschaft: 1 Jahr und 1 Tag. Es kann also sein, daß ein Hund weit mehr als 4 CACIBs besitzt, den Titel aber nicht bestätigt bekommen kann, weil der Mindestzeitabstand nicht erfüllt ist. Einreichung des Titel-Bestätigungsantrags erfolgt über den VDH.
Deutscher Champion. 4 (deutsche) CACs von 3 verschiedenen Richtern. Mindestabstand zwischen der ersten und letzten Anwartschaft: 1 Jahr. Titelbeantragung beim Spezialclub (z. B. Verband Deutscher Kleinhundezüchter).
Deutscher Champion VDH. VDH-CACs von 3 verschiedenen Richtern. Mindestabstand zwischen erster und letzter Anwartschaft: 1 Jahr und 1 Tag. Mindestens 2 der 4 VDH-CACs müssen von Internationalen Ausstellungen sein. Titelbeantragung beim VDH.
Deutscher Jugendchampion. 3 Jugend-CACs von 2 verschiedenen Richtern. Jugend-CAC in Verbindung mit der Auszeichnung Bester der Rasse (BOB) zählt zweifach. Kein zeitlicher Mindestabstand gefordert. Titelbeantragung beim Spezialclub.
CACs, die im Ausland errungen werden, gelten für das Nationale Championat des Landes, in dem die Anwartschaft erreicht wurde. Die Bedingungen für die Vergabe der jeweiligen Championtitel sind unterschiedlich und müssen erfragt werden.

Anmeldung zur Ausstellung

Wer seinen Hund ausstellen möchte, wendet sich entweder an den VDH oder an den Spezialclub, von dort erfährt er Ausstellungstermine und erhält die erforderlichen Meldeunterlagen. Als Mitglied des Spezialclubs erhält man regelmäßig eine Zeitschrift (z. B. Kleinhunde-SPEZIAL im VK), in der Ausstellungen angekündigt werden. Die Landes- und Ortsgruppen der Spezialclubs veranstalten Treffen, bei denen man sich ebenfalls erkundigen kann. Dort sind meistens auch Aussteller anwesend, die Tips und Ratschläge geben können. Manchmal bilden sich auch Fahrgemeinschaften zu Ausstellungen, so daß man von vornherein nicht alleine auf sich gestellt ist.

Bevor Sie Ihren Hund melden, müssen Sie sich vergewissern, daß die Tollwutimpfung am Tag der Ausstellung gültig ist, d.h., sie muß mindestens vier Wochen alt und darf nicht älter als ein Jahr sein. Die gültige Tollwutimpfung ist notwendig, sonst dürfen Sie mit dem Hund nicht auf das Ausstellungsgelände.

Der Ausstellungstag

Es ist wichtig, daß Sie rechtzeitig im Ausstellungsgelände sind. Bis der Malteser „ringfein" ist, dauert es einige Zeit, und man muß damit rechnen, daß die Rasse als erstes bewertet wird. Ihr Hund spürt genau, wenn Sie hektisch werden, und er wird ebenfalls nervös – keine günstige Voraussetzung, um gut abzuschneiden.

Am Einlaß werden Impfpaßkontrollen durchgeführt, es ist daher ratsam, Meldebestätigung und Impfpaß bereitzuhalten, um Verzögerungen zu vermeiden. Meist stehen Ausstellungshelfer am Eingang, so daß man fragen kann, wo die Rasse gerichtet wird. Bei Internationalen Ausstellungen sind es oft mehrere Hallen, und man kann mit Suchen wertvolle Zeit verlieren. Falls man nicht schon am Einlaß die Startnummer(n) erhalten hat, muß man sich diese im Ring, wo die Rasse gerichtet wird, holen. Wenn die Nummer abgeholt wurde, weiß das Ringpersonal, daß der Hund anwesend ist. Im Ring erfährt man auch, wann ungefähr die Rasse gerichtet wird, so daß man sich mit den Vorbereitungen des Hundes darauf einstellen kann. Die Richtreihenfolge innerhalb der Rasse entspricht den im Katalog angegebenen Nummern; die Hunde kommen nach „Klassen" in den Ring. Wenn Ihre Klasse zur Bewertung kommt, ordnen Sie sich in der Reihenfolge der Startnummern ein (jeder Aussteller ist selbst verantwortlich dafür, daß er pünktlich im Ring steht, man wird nicht aufgefordert!). Der Richter wird die gesamte Klasse eine oder mehrere Runden im Ring laufen lassen, um sich einen Gesamteindruck zu verschaffen. Danach folgt die Einzelbewertung wie unter „Präsentation" beschrieben. Nach Beendigung der Einzelbewertungen folgt die Placierung. Bei größeren Klassen läßt der Richter die Hunde oft nochmals gemeinsam laufen, bevor er sich entscheidet, folgen Sie also den Anweisungen des Richters oder Ringhelfers. Die ersten vier Hunde einer Klasse werden placiert, sofern sie als Formwerte „Vorzüglich", „Sehr gut" oder „Gut" erreicht haben. V1-Hunde müssen sich gegebenenfalls noch für ein Stechen mit Hunden aus anderen Klassen bereithalten. Jeweils die V1-Jugendklasse-Hunde und die beste Hündin sowie der beste Rüde aus den Erwachsenenklassen (Sieger/Offene) müssen am Schluß des Richtens der Rasse zur Auswahl des Rassebesten (BOB =

Myi's I'am Sparky (Bes. Thomas Scharfenberg/Monika Moser) beim Wettbewerb um den schönsten Hund des Tages

Best of Breed) in den Ring. Nach Beendigung des Richtens erhält jeder Hund einen Richterbericht und ggf. Anwartschaftskarten. Eine gute Bewertung sollte Sie zu weiteren Ausstellungen anspornen, wenn es nicht so gut gelaufen ist, kann man versuchen, ob es beim nächsten Mal besser klappt. Bei fast jeder Ausstellung ist die Konkurrenz anders, und die Chancen sind daher nie gleich. Egal, wie erfolgreich man eine Ausstellung abgeschlossen hat, man sollte sich immer über einen Tag unter Gleichgesinnten freuen, und es gibt kaum bessere Möglichkeiten, sich über seine Rasse zu informieren und Neues dazuzulernen, als anläßlich einer Hundeausstellung.

Züchten – ja oder nein?

Allgemeines

Wer sich dazu entschließt, mit seinem Malteser zu züchten, muß sich von vornherein im klaren darüber sein, daß er damit eine große Verantwortung übernimmt. Der Züchter läßt neues Leben entstehen, und es ist seine selbstverständliche Pflicht, sich vorab über die Bedeutung seines Tuns Gedanken zu machen.

Ein gewisses Risiko für die Hündin ist niemals auszuschließen, und nicht jede Geburt verläuft vorstellungsgemäß. Man muß notfalls darauf vorbereitet sein, einen Wurf von Hand aufziehen zu müssen, was neben entsprechenden Kenntnissen einen ungeheuren Zeitaufwand und Einsatz rund um die Uhr bedeutet. Auch bei einem problemlosen Wurf ist es nicht damit getan, daß man die Welpen einfach wachsen läßt. Sie müssen art- und fachgerecht aufgezogen werden. Dies bezieht sich sowohl auf die körperlichen Belange wie Ernährung als auch auf die wesensmäßige Entwicklung. Die Welpen durchlaufen sogenannte „Prägungsphasen", die für den späteren Charakter von großer Bedeutung sind. Fehler, die in der Aufzucht gemacht wurden, sind nie mehr gänzlich reparabel, das sollte man sich bewußt machen und sich vorher entsprechende Kenntnisse aneignen. Welpen brauchen Platz und können sehr laut sein. Wer keine geeigneten Räumlichkeiten hat, sollte sich gleich von Zuchtgedanken verabschieden. Dasselbe gilt für den Fall, daß nicht die ganze Familie hinter dem Vorhaben steht.

Für die Welpen müssen später geeignete Plätze gefunden werden, wo sie zeitlebens gut betreut und geliebt werden. Dies ist nicht immer einfach. Vor allem der Züchter, der nicht bekannt ist, muß damit rechnen, daß er längere Zeit auf den Welpen sitzen bleibt. Der Zuchtverband ist zwar ebenfalls bemüht, über die Welpenvermittlungsstellen Käufer zu finden, diese Einrichtung wird jedoch von den meisten Mitgliedern überschätzt, und man sollte sich nicht darauf verlassen, daß die Mehrzahl der Welpen dadurch Abnehmer finden. Voranmeldungen aus dem Bekanntenkreis oder der Nachbarschaft erweisen sich oft als „Nieten", wenn die Welpen erst einmal abnahmebereit sind und die Sache „ernst" wird.

Nico vom Herzogstein (Z. u. Bes. Karin Finkbeiner)

Die hartnäckige Meinung, daß jede Hündin für ihr Wohlbefinden im Leben einmal einen Wurf gehabt haben muß, ist leider nicht aus der Welt zu schaffen. Erstens entbehrt sie jeder wissenschaftlichen Grundlage, und die Praxis zeigt, das dies keinesfalls so ist, zweitens, wo kämen wir hin, wenn sich fast jedes Heimtier auf der Erde „vervielfachen" würde.

Auch der Wunsch, daß man von dem „geliebten, einzigartigen" Haushund unbedingt Nachkommen haben möchte als „Erinnerung" nach seinem Ableben, ist sentimentaler Egoismus. Kein Lebenwesen vererbt sich in seiner Gesamtheit, und der direkte Nachkomme kann sich von seinem Elterntier mehr unterscheiden als jeder andere gekaufte Hund, den man sich nach den gewünschten Eigenschaften selbst aussuchen kann.

Der Grundgedanke des Züchtens sollte sein, daß man durch entsprechende Auswahl der Zuchttiere das Ziel hat, die Entwicklung der Rasse positiv zu fördern, d. h., die Nachkommen sollten erwarten lassen, daß sie besser sein können als die Elterntiere oder zumindest von gleicher Qualität. Um dies zu erreichen, muß man bereit sein, Mittel und Mühen aufzuwenden.

Züchter sollte sich nur nennen, wer mit dem Wissen um Vererbungslehre, dem planmäßigen Einsatz nach strengen Kriterien ausgewählter

Zuchttiere und der Liebe zur Kreatur ernstlich bemüht ist, gesunde, rassetypische Hunde zu züchten, die ihren späteren Besitzern Freude bringen. Dazu gehört auch die Bereitschaft, im Ernstfall notwendige „Auslesemaßnahmen" zu ergreifen, eine Seite der Zucht, die der angehende Züchter vorab meistens nicht bedenkt. Hündinnenbesitzer, die ohne die vorgenannten Ziele regelmäßig ihre Hündin belegen lassen, sind im eigentlichen Sinne keine Züchter, sie „machen nur Würfe".

Wer sich vom Züchten finanzielle Gewinne verspricht, wird spätestens nach der Endabrechnung eine böse Überraschung erleben. Wenn überhaupt, reichen die Einnahmen aus den Welpenverkäufen gerade dazu, die Kosten zu decken. Der Gewinn des Züchtens liegt auf ganz anderer Ebene: Nämlich, nach einem geglückten Wurf das unvergeßliche Erlebnis gehabt zu haben, für einige Wochen das Wunder des Entstehens und Wachsens von Leben beobachtet zu haben; gesehen zu haben, wie aus unscheinbaren Welpen kleine Hundepersönlichkeiten geworden sind.

Bevor man allerdings seine Hündin belegen lassen kann, sind eine Reihe von Formalitäten zu erfüllen.

Zuchtbestimmungen des Verbandes Deutscher Kleinhundezüchter (VK)

Zuchtbestimmungen sind nicht dazu da, die Freiheit der Züchter einzuschränken, sondern sie dienen der Förderung des Zuchtniveaus und dem Schutz der Zuchttiere vor nicht artgerechter Haltung und Ausbeutung. In diesem Sinne lautet die VK-Zuchtordnung u. a.:
- Hündinnen dürfen frühestens im Alter von 15 Monaten und spätestens bis zur Vollendung des achten Lebensjahres zur Zucht verwendet werden. Rüden können ab neun Monate unbegrenzt eingesetzt werden.
- Hündinnen dürfen nur einen Wurf je Kalenderjahr haben, zwischen zwei Belegungen muß mindestens ein Zeitraum von acht Monaten liegen.
- Hündinnen, die sechs und mehr Welpen geboren haben, dürfen frühestens nach 12 Monaten wieder belegt werden.
- Hündinnen, die mit zwei Schnittgeburten entbunden haben, sind von weiterer Zuchtverwendung ausgeschlossen.
- Die artgerechte Haltung und Aufzucht der Welpen wird durch Zuchtwarte überwacht. Bei Nichtbeachtung werden Zuchtsperren verhängt.

69

Damit nur rassetypische und gesunde Hunde in die Zucht gelangen, müssen alle Tiere, bevor sie zu Zuchtzwecken herangezogen werden dürfen, eine Zuchtzulassungsprüfung (ZZP) bestehen. Bei dieser ZZP wird jeder Hund von zwei anwesenden Zuchtrichtern auf sein rassetypisches Äußeres und einwandfreie Charaktereigenschaften geprüft. Hunde mit sichtbaren Fehlern oder anatomischen Mängeln erhalten keine Zuchtzulassung, desgleichen werden Hündinnen ausgeschlossen, die aufgrund ihrer Größe und Konstitution ein problemloses Austragen und Werfen unmöglich erscheinen lassen. Alle Zuchtzulassungsberichte eines Jahres werden jährlich zu einem Buch zusammengefaßt herausgegeben, so daß jeder die Möglichkeit hat, diese Berichte einzusehen und die Informationen daraus für seine eigene Zuchtplanung zu verwenden. Die Zuchtzulassungen sind, falls von den bewertenden Richtern nicht anders gewollt, auf Lebenszeit, bei auftretenden Erbfehlern bei Nachkommen kann sie jedoch jederzeit von der Zuchtleitung wieder entzogen werden.

Hunde mit lebenslanger Zuchtzulassung und drei „Vorzüglich"-Bewertungen auf Ausstellungen von mindestens zwei Richtern erhalten die Körung. Nachkommen von zwei gekörten Elterntieren gelten als „Körzucht", und die Wurfeintragung wird billiger. Der Verband strebt an, daß vornehmlich mit gekörten Tieren gezüchtet wird.

Zur Zuchttauglichkeitsprüfung werden nur Hunde zugelassen, die im Besitz einer FCI-anerkannten Ahnentafel oder Registrierbescheinigung sind. Registrierbescheinigungen sind Papiere von Hunden, die in nicht FCI-anerkannten Vereinen gezüchtet wurden. Werden solche Hunde in ein VDH-anerkanntes Zuchtbuch übernommen, wird die Originalahnentafel einbehalten, und es wird eine Registrierbescheinigung erstellt, auf der die Ahnen des Hundes nicht aufgeführt werden. Erst nach drei Generationen erhalten die Nachkommen reguläre Ahnentafeln. Registrierbescheinigungen mögen zwar auf den ersten Blick nicht gut aussehen, aber sie erlauben, daß der Hund innerhalb des VDH ausgestellt und mit ihm gezüchtet werden kann, wenn er die ZZP besteht. Er kann wie jeder Hund mit Ahnentafel alle Titel und Tagestitel gewinnen; die einzige Ausnahme besteht beim Titel „Internationaler Champion", den die FCI für Registrier-Hunde nicht bestätigt. Von Registrier-Hunden errungene CACIBs gehen daher auf die Reserve-CACIB-Hunde über, sofern diese eine normale Ahnentafel besitzen.

Nach bestandener und auf die Ahnentafel eingetragener Zuchttauglichkeit ist es für den angehenden Züchter an der Zeit, beim Zuchtbuchamt einen Zwingernamen schützen zu lassen. Danach kann man sich auf die Suche nach einem geeigneten Deckrüden machen.

Der Deckrüde

Da bei kleinen Rassehunden die Haltung eines Rüden wenig Aufwand erfordert, hat fast jeder Züchter mit einer kleinen Anzahl Hündinnen einen eigenen Deckrüden. Das mag zwar positiv in bezug auf die Breite der Zuchtbasis sein, aber daraus ergibt sich auch leider, daß gute Rüden, die das Niveau der Rasse insgesamt anheben könnten, viel zu selten zum Einsatz kommen.

Manch einer nimmt sich den bequemen, in nächster Nähe befindlichen oder den billigeren Deckrüden, ohne zu bedenken, daß die

*Multi-Champion **Maltea's Belmondo** (geb. 1976). Ein Deckrüde, der die deutsche Malteserzucht maßgeblich beeinflußte*

Mühen und Kosten der Aufzucht bei einem mäßigen Wurf dieselben sind wie bei einem qualitätsvollen. Wer das beste aus einem zukünftigen Wurf machen möchte, sollte bei der Auswahl des passenden Rüden folgendes beachten:

– Die zu verpaarenden Partner dürfen **nicht** dieselben Schwachpunkte haben, denn das wäre der sicherste Weg, Nachkommen zu erhalten, die diesen Fehler, vielleicht verstärkt, ebenfalls aufweisen. Man sollte sich für den Rüden entscheiden, der sich mit den Fehlern der Hündin am ehesten ausgleicht.

– Es muß nicht unbedingt der erfolgreiche Ausstellungsrüde sein, der den besten Nachwuchs bringt, denn die Gleichung „Champion x Champion = Championnachwuchs" geht oft nicht auf! Sicherer ist es, einen bekannt guten Vererber zu benutzen, der sich schon bei verschiedenen Linien bewährt hat. Hier hilft das Studium von Zuchtbüchern oder Ausstellungskatalogen, sofern diese die Bewertungen angeben.

– Zumindest einer der Zuchtpartner sollte schon „Zuchterfahrung" haben, besonders der Rüde, denn dann hat man gleichzeitig die Sicherheit, daß er überhaupt Nachwuchs produzieren kann.

– Enge Verpaarungen gehören in die Hand des erfahrenen Züchters (Inzucht ersten Grades, also Eltern/Nachkommen oder Geschwisterverpaarungen, sind sowieso genehmigungspflichtig). Inzucht kann vorzügliche Ergebnisse bringen, aber es kann auch böse danebengehen, und der Anfänger hat selten die notwendige Härte, entsprechende Konsequenzen zu ziehen.

Die Deckgebühren liegen bei ab DM 500 für einen erprobten Rüden. Deckrüdenbesitzer sind verpflichtet, Deckbücher zu führen, die einen Überblick über die gesamte Nachkommenschaft schaffen, so daß sich der Hündinnenbesitzer über die Vererberqualitäten informieren kann.

Die Zuchthündin

An die Zuchthündin sind besonders hohe Ansprüche in bezug auf das Wesen zu stellen. Fälschlicherweise wird oft behauptet, daß eine nicht wesensfeste Hündin sich nach einem Wurf charakterlich festigt. Dies ist nicht der Fall, es ist vielmehr wahrscheinlich, daß eine gestörte Hündin ihre Wesensschwäche an ihre Nachkommen weitervererbt oder durch Prägung überträgt.

Manchmal werden von Züchtern Hündinnen mit der Bemerkung angeboten, für Ausstellungen seien sie wohl nicht geeignet, aber als

Zuchthündinnen grundsolide. Der auf Qualität bedachte Züchter würde eine Hündin, die nicht gut genug für Ausstellungen ist schon gar nicht für die Zucht verwenden! Hündinnen aus Kaiserschnittlinien sollte man, wenn es irgend geht, nicht in die Zucht nehmen. Es ist erwiesen, daß sich Veranlagungen zu Geburtsschwierigkeiten vererben, daher sollte man sich lieber für eine Hündin entscheiden, die diesbezüglich nicht vorbelastet ist.

Hündinnen werden in der Regel zweimal im Jahr läufig. Die erste Hitze erfolgt meistens im Alter zwischen 8 bis 13 Monaten, wobei Ausnahmen nach oben und unten möglich sind. Die Läufigkeit beginnt mit einem Anschwellen der Scheide, nach wenigen Tagen ist ein roter Ausfluß festzustellen. Dieser wird mit der Zeit heller, und gleichzeitig wird die Scheide wieder schlaffer. Dies ist der Zeitpunkt, wo die Hündin deckbereit ist. Bei den meisten Hündinnen ist es der 9. bis 13. Tag, wobei extreme Ausnahmen schon beim 6. oder erst beim 20. Tag liegen können. Die Hündin zeigt ihre Deckbereitschaft meist deutlich an: Ein Sich-Anbieten vor anderen Hunden mit seitlichem Verziehen der Rute oder ein Zusammenziehen der Rückenhaut, wenn man mit dem Finger vom Rutenansatz weg über den Rücken streicht, sind die sichersten Zeichen für die Deckbereitschaft. Wenn man größere Entfernungen zum Deckrüden zurücklegen muß, ist es ratsam, beim Tierarzt einen Test machen zu lassen, anhand dessen sich der richtige Decktag sicher ermitteln läßt.

Der Deckrüdenbesitzer sollte möglichst schon zu Beginn der Läufigkeit informiert werden, damit er sich zeitlich einigermaßen auf den Damenbesuch einrichten kann.

Der Deckakt

Im allgemeinen bringt man die Hündin zum Rüden. Die Ahnentafel der Hündin ist mitzunehmen, damit sich der Rüdenbesitzer davon überzeugen kann, daß die Hündin eine Zuchtzulassung hat und daß sie bei dieser Hitze belegt werden darf.

Zuerst sollte man den Hunden Gelegenheit geben, sich kennenzulernen. Bevor es jedoch zum eigentlichen Deckakt kommt, sollte man die Hündin besser festhalten. Vorausgesetzt, es ist der richtige Tag, wird es bei einem erfahrenen Rüden meist nicht lange dauern, bis der Deckakt vollzogen wird. Dabei vergrößern sich die Schwellkörper am Penis des Rüden, und die Hündin hält diesen mit ihrer Scheidenmuskulatur fest, es kommt zum sogenannten „Hängen". Dieser Zustand dauert zwischen

73

fünf Minuten und bis zu einer Stunde oder mehr, während dieser Zeit gibt der Rüde zuerst Gleitflüssigkeit ab, danach das Sperma und hinterher nochmals eine Flüssigkeit, in der kaum mehr Sperma zu finden ist. Der für eine Befruchtung wichtige Teil ist also schon nach wenigen Minuten erledigt. Langes Hängen ist kein Zeichen für einen erfolgreicheren Deckakt. Tatsächlich kann es auch jederzeit zu einem großen Wurf kommen, ohne daß die Hunde überhaupt hängen.

Nach vollzogenem Deckakt wird die vereinbarte Deckgebühr bezahlt, und der Rüdenbesitzer füllt die Deckbescheinigung aus. Meistens kommt die Hündin nach ein bis zwei Tagen nochmals zum Nachdecken. Ich persönlich lasse meine Hündinnen nach einem erfolgversprechenden Deckakt nicht mehr nachdecken und habe keineswegs kleinere Würfe als andere Züchter. Für den Fall, daß eine Hündin nicht aufgenommen hat, steht dem Besitzer zuchtordnungsgemäß ein weiterer kostenloser Deckakt mit demselben Rüden bei einer nächsten Hitze frei.

Die Trächtigkeit

Statistisch bleibt etwa jeder dritte Deckakt „leer" (diese Zahl hat sich auch in den Auswertungen der Zuchtstatistiken des VK bewiesen), sei es, weil der falsche Decktag gewählt wurde oder die Einnistung der befruchteten Eizellen nicht erfolgt ist. Häufig wird auch eine angefangene Trächtigkeit nicht ausgetragen. Gründe hierfür können Infektionen oder Hormonstörungen sein. Bis zur vierten Woche ist die Hündin in der Lage, die Welpen zu „resorbieren", d. h., die Feten werden vom Organismus wieder aufgenommen, äußerlich ist davon nichts zu bemerken, und der Hündinnenbesitzer glaubt, es habe keine Befruchtung stattgefunden.

Erste Anzeichen einer Trächtigkeit können manchmal durch deutliche Wesensveränderungen der Hündin schon nach einer Woche festgestellt werden. Tastbar wird eine Trächtigkeit am besten zwischen dem 21. und 28. Tag. Geübte Finger können in diesem Zeitraum sogar die Anzahl der Welpen fühlen, aber Laien sollten solche Experimente lieber lassen. Ultraschall-Untersuchungen ab der vierten Woche geben auch Auskunft darüber, ob eine Trächtigkeit vorliegt oder nicht. Röntgenologisch lassen sich die Feten ab etwa dem 52. Tag deutlich erkennen. Vor allem bei kleinen Hündinnen mit engem Becken oder vermuteter Einfrüchtigkeit ist eine solche Untersuchung sinnvoll, bei absolut zu großen Welpen kann man sich gleich auf eine Schnittgeburt einstellen und der Hündin unnötige Quälerei ersparen.

Ab der vierten bis fünften Woche zeigt die trächtige Hündin einen hellen schleimigen Ausflug. Jetzt ist die Zeit, in der noch einmal entwurmt werden sollte. Spezielle Fütterung ist während einer Trächtigkeit nicht notwendig, bei Hündinnen mit festen Futterzeiten sollte man gegen Ende der Trächtigkeit dazu übergehen, ganztägig Futter anzubieten, weil Hündinnen, die starke Würfe austragen, manchmal nicht mehr in der Lage sind, große Futtermengen auf einmal zu sich zu nehmen. In der letzten Trächtigkeitswoche kann Calcium angeboten werden. Spätestens jetzt sollte man eine Wurfkiste bereithalten; diese sollte in den Ausmaßen Breite: Körperlänge der Hündin; Länge: doppelte Körperlänge der Hündin haben. Höhe so, daß die Hündin ohne große Anstrengung ein- und aussteigen kann. Das Material sollte so sein, daß es hygienisch einwandfrei sauberzuhalten ist (Kunststoff oder wasserfest lakkierte Holzkisten).

Bis zuletzt sollte man dafür sorgen, daß sich die Hündin ausreichend bewegt, eine gute Muskulatur erleichtert die Geburt sehr. Anzeichen für die bevorstehende Geburt sind Einfallen der Lendengegend (weil sich die Gebärmutter senkt) und deutliches Abfallen der Körpertemperatur auf etwa 36 °C, rektal gemessen. Dann setzt die Geburt meist innerhalb der nächsten 24 Stunden ein, und die Hündin sollte keinesfalls mehr für längere Zeit allein gelassen werden.

Häufig verweigern Hündinnen in den letzten ein bis zwei Tagen jegliche Nahrung und setzen reichlich Kot ab.

Die Geburt

Das Einsetzen der Geburt zeigt sich durch große Unruhe, „Nestbauen" und Hecheln. Unmittelbar bevor der erste Welpe geboren wird, hat die Hündin starke Preßwehen, meistens mit Abgang von Fruchtwasser. Die Welpen werden – Kopf oder Hinterende voran – in einer mit Fruchtwasser gefüllten Fruchtblase geboren. Bei kleinen Hündinnen oder großen Welpen ist die Fruchtblase häufig schon gerissen. Bei intakter Fruchtblase sollte diese geöffnet werden, wenn der Welpe halb ausgetreten ist. Dies ist besonders wichtig bei Steißgeburten, weil die Welpen durch Kälteeinwirkung reflexartig anfangen zu atmen, und es wäre fatal, wenn dabei Fruchtwasser eingeatmet würde. Bei sehr großen Welpen kann man etwas nachhelfen, indem man mit den Wehen den Welpen vorsichtig herauszieht. Bei Vorderendlagen wartet man damit, bis Kopf und Schulter ganz ausgetreten sind, so daß man den Welpen am Nackenfell greifen und ihn so herausziehen kann. Bei Steißlagen kann man an beiden Füßen zufassen und ziehen, bis man am Fell über Schulter und Nakken weiterziehen kann. Niemals darf man den Welpen über dem Brustkorb fassen und ihn so herausziehen, bei festsitzenden Köpfen würde man das Rückgrat überdehnen, und der Welpe würde ersticken. Wenn der Welpe ganz draußen ist, schneidet man die Nabelschnur bei etwa zwei Zentimetern Länge ab, bei Nachbluten kann man dann mit Nähseide abbinden. Wenn der Welpe schreit, kann man ihn gleich der Mutter überlassen. Ansonsten wird er mit einem Frotteetuch kräftig gerubbelt und massiert. Bei Verdacht auf Fruchtwasser in den Atemwegen muß man versuchen, dieses herauszuschütteln: Dazu nimmt man den Welpen in die Hand, das Köpfchen wird von hinten mit dem Zeigefinger gestützt, Daumen und Mittelfinger umfassen die Brust. Dann schwingt man den Welpen mehrmals in großem Bogen kräftig von oben nach unten, meist beginnt er dann kräftig zu schreien.

Die Nachgeburt wird entweder zusammen mit dem Welpen ausgestoßen oder kommt mit einer der nächsten Wehen. Die Hündin wird diese gierig fressen, sie braucht die darin enthaltenen Stoffe, die u. a. die Milchbildung anregen. Mehr als zwei, maximal drei Nachgeburten (bei großen Würfen) sollte man ihr allerdings nicht überlassen, weil sie stark abführende Wirkung haben. Kurz vor dem Austritt des nächsten Welpen werden die bereits geborenen aus der Wurfkiste heraus in ein beheiztes Körbchen in Sichtweite der Mutterhündin gelegt. Die Welpen werden meist in Abständen von einer viertel bis zwei Stunden geboren. Größere Abstände sind nicht bedenklich, wenn keine Wehentätigkeit vorliegt.

Geburtskomplikationen, die tierärztliche Hilfe notwendig machen, können eintreten. Sie sind allerdings so vielfältig, daß man auch nicht annähernd alle Eventualitäten aufzählen könnte. Laut Statistik liegen Kaiserschnittgeburten bei Maltesern um derzeit etwa 5 %, Tendenz in den letzten beiden Jahren steigend. Die Schnittgeburt, von einem erfahrenen Kleintierarzt durchgeführt, stellt heute kaum mehr ein Risiko für die Hündin dar, vorausgesetzt, sie ist in einem Zustand, der eine Narkose problemlos zuläßt. Nachstehende Anzeichen deuten auf Geburtsschwierigkeiten hin, und vor allem der Erstzüchter sollte bei ihrem Eintreten einen Tierarzt zu Rate ziehen:

76 – Dickflüssiger, dunkelgrüner Ausfluß während der Geburt und Aus-

bleiben eines Welpen trotz Wehentätigkeit: Dies deutet auf einen oder mehrere tote Welpen als Geburtshindernis hin.

– Aussetzen der Wehen über mehrere Stunden, obwohl noch Welpen vorhanden sind: Hier kann eine Spritze die Wehen wieder in Gang bringen.

– Starke Preßwehen über einen längeren Zeitraum, ohne daß ein Welpe geboren wird: Vermutlich zu große oder fehlliegende Welpen, hier wird die Schnittgeburt nicht zu vermeiden sein, es sei denn, die Lage des Welpen kann korrigiert werden.

– Krämpfe oder Kollaps der Hündin: Unverzüglich Tierarzt aufsuchen, da für die Hündin Lebensgefahr besteht. Wenn griffbereit, kann vor Abfahrt noch ein Kreislaufmittel gegeben werden.

– Vergewissern Sie sich während der Geburt, daß die den Welpen entsprechende Anzahl von Nachgeburten abgestoßen wurden. Verbliebene Nachgeburten verursachen Fieber und Vergiftungen; hier können Wehenmittel oder Antibiotika helfen.

Geburtsprotokolle mit Zeitangaben können wertvolle Hilfen für den Tierarzt sein.

Nachsorge und Aufzucht der Welpen

Nach Beendigung der Geburt gibt man der Hündin Gelegenheit, sich zu lösen. In der Zwischenzeit kann eine zweite Person die Wurfkiste säubern und mit frischen Tüchern auslegen, die Hündin wird ebenfalls etwas abgewaschen. Fressen und Trinken muß man ihr die ersten Tage meistens in der Wurfkiste anbieten, da nur wenige Hündinnen bereit sind, sie zu verlassen. Malteser sind meist vorzügliche Mütter, so daß der Züchter kaum helfend eingreifen muß. Zu den mütterlichen Aufgaben gehört das Ablecken der Welpen, die nur mit Hilfe dieses Reizes in der Lage sind, Kot und Urin abzusetzen. Der Kot der Welpen enthält Stoffe, die die Milchbildung anregen, man darf ihn also nicht beseitigen. Vitale Welpen werden sofort, nachdem sie sich von den Strapazen der Geburt erholt haben, anfangen zu saugen. Gerade die Milch der ersten zwei Tage ist wichtig, weil sie das Immunsystem der kleinen Hunde aufbaut. Auch wenn man Welpen von Hand aufziehen muß, z. B. wenn die Mutter sie nicht annimmt, sollten sie unbedingt von dieser sogenannten Kolostralmilch bekommen. Ein Tip für Züchter, die regelmäßig züchten: Hündinnen, die Totgeburten hatten oder deren Welpen eingegangen sind, kann man, sofern keine infektiösen Ursachen vorliegen, die Milch

Zwei kerngesunde Annsarah's-Welpen im Alter von 10 Tagen

abmelken. In Einwegspritzen eingefroren, hält sie sich bis zu etwa einem Jahr und kann später für Waisenwelpen oder bei Milchmangel wertvolle Ersatznahrung sein. Einwegspritzen, die Kolostralmilch enthalten, werden extra gekennzeichnet.

Die Geburtsgewichte beim Malteser liegen bei ab etwa 100 Gramm, normal sind 130 bis 180 Gramm, aber es gibt auch Schwergewichte von über 250 Gramm. Welpen in einem Wurf, die erheblich unter dem Durchschnittsgewicht der Wurfgeschwister liegen, haben meist wenig Überlebenschancen. Man kann versuchen, während zwei bis drei Tagen etwas nachzuhelfen, aber niemals auf Kosten der kräftigeren Welpen. Zufütterungsportionen können in etwa 2-ml-Dosis ungefähr alle zwei bis drei Stunden gegeben werden, bestens bewährt hat sich hierbei 10prozentige Kaffeesahne, mit der wir bessere Erfahrungen gemacht haben als mit im Handel oder vom Tierarzt angebotener Welpenauf-

78

zuchtmilch. Ich habe Würfe damit komplett aufgezogen, allerdings mit Zugabe von Multivitamintropfen und Schlämmkreide zweimal wöchentlich. Bei künstlicher Welpenaufzucht füttere ich während der ersten beiden Tage alle zwei Stunden Tag und Nacht. Die Welpen erhalten jeweils so viel, bis sie von selbst aufhören zu trinken und nach einer kleinen Pause von etwa einer Minute nicht noch mehr wollen. Wenn die Welpen nach zwei Tagen gut zugenommen haben, erhalten sie tagsüber alle drei Stunden etwas, nachts stehe ich einmal auf. Nach einer Woche schlafen sie nachts ohne weiteres sechs Stunden durch.

Ein gesunder Welpe schreit nur, wenn er die Mutter vermißt oder wenn er Hunger hat. Die Haut ist rosig, er fühlt sich warm und rund an. Wenn er trinkt und die Milch fließt, wird das Schwänzchen steil nach oben gestellt. Wenn Welpen unruhig sind und quiekend von einer Zitze zur anderen wechseln, hat die Mutter meist nicht genügend Milch. Vom Tierarzt kann man Mittel erhalten, die die Milchbildung anregen. Bis diese einsetzt, muß man beifüttern. Welpen, die vornehmlich auf der Seite liegen, sich nicht umdrehen, wenn man sie auf den Rücken legt, sich kühl und schlaff anfühlen und kaum Saug- und Schluckreflex zeigen, sind meist Todeskandidaten. Auch im Interesse der Mutterhündin ist es „humaner", diese Welpen zu beseitigen. Neben den angenehmen Seiten des Züchtens haben Züchter auch die Verantwortung, Lebensunfähiges auszulesen, draußen übernimmt dies die Natur. Zwar können Kümmerlinge dank allerlei Mitteln einige Zeit am Leben erhalten werden, aber selbst, wenn sie nach einigen Wochen nicht von alleine eingehen, werden daraus kaum gesunde Hunde.

Malteserwelpen werden zumeist ohne Pigment geboren. Erst nach einigen Tagen bilden sich auf dem Nasenschwamm kleine schwarze Punkte, die sich vergrößern und ineinanderwachsen. Diese Pigmententwicklung ist ein Hinweis auf spätere schwarze Pigmentierung. Welpen, die einheitlich gefärbte Nasen haben, die sich gleichmäßig dunkler schattieren, werden selten das gewünschte tiefschwarze Pigment bekommen.

Die Hündin hat einige Tage nach dem Werfen noch etwas Ausfluß, der dann aufhört und nach einigen Wochen wieder einsetzt. Während der Säugeperiode gibt man der Hündin besonders nahrhaftes Futter, das ihr immer bereitstehen sollte. Vitamine und Calcium erhält sie zusätzlich. Welpen werden bei uns erst zugefüttert, wenn die Gewichtszunahme von einem Tag auf den anderen nicht stetig größer wird. Erstes Beifutter ist dünner Kinderbrei, nach ein bis zwei Tagen Grieß mit Fleisch und

Karotten. Viele Züchter gehen gleich über auf einen Brei aus eingeweichtem Welpentrockenfutter.

Die Welpen öffnen nach etwa sieben bis zehn Tagen die Augen. Ab etwa zwei Wochen ist zu kontrollieren, ob die Nägel geschnitten werden müssen, damit das Gesäuge der Mutterhündin nicht zerkratzt wird. Die erste Wurmkur sollte mit etwa drei Wochen erfolgen, es sei denn, bei festgestelltem Wurmbefall wäre das früher nötig. Weitere Entwurmungen folgen noch zweimal im Abstand von 14 Tagen, danach in vierteljährlichem Rhythmus.

Mit etwa drei Wochen beginnen die Kleinen, sich auf die Beine zu stellen, und schon einige Tage darauf wackeln sie noch etwas unsicher durch die Wurfkiste. Sobald beigefüttert wird, verweigert die Hündin die Aufnahme des Welpenkotes.

Die Wurfkiste wird ab vier Wochen durch einen kleinen Welpenauslauf mit Schlafhaus ersetzt. Eine extra eingerichtete niedrige Kiste mit Zeitungspapier ausgelegt, läßt die Welpen schon nach wenigen Tagen „auslaufsauber" sein, wenn man etwas darauf achtet. Die Mutterhündin sollte aus diesem Auslauf herauskönnen, um wenigstens ab und zu etwas Ruhe vor der Rasselbande zu haben. Naturnahe Hündinnen würgen den Welpen angedautes Futter vor. Man sollte sie unbedingt gewähren lassen, aber darauf achten, daß die Hündin ausschließlich welpenverträgliches Futter zu sich nimmt. Welpen, die mit 12 Wochen abgegeben werden sollen, sollten mit spätestens sechs Wochen vollkommen entwöhnt sein. Die erste Grundimmunisierung (SHLP) sollte erfolgen, wenn die Kleinen etwa zwei Wochen abgesetzt sind, sonst läuft man Gefahr, daß die Impfung durch die in der Muttermilch enthaltenen Immunstoffe neutralisiert wird. Nachimpfung erfolgt nach weiteren drei bis vier Wochen.

Mit sechs bis sieben Wochen tragen Malteserwelpen innerhalb des Wurfes kleine Rangordnungskämpfe aus. Schon jetzt lassen sich bei ständigem Beobachten spätere Wesensmerkmale erkennen. Ab dieser Zeit sollte man sich viel mit den Welpen beschäftigen, um sie auf den Menschen zu prägen. Sommerbabys können jetzt schon stundenweise in den Garten, wo sie wild herumtoben können. Anstatt Spielzeug kann man den Welpen Obststückchen oder Salatblätter anbieten, die begeistert „niedergemacht" werden, gleichzeitig ist es ein gesunder Futterzusatz. Die Mutterhündin sollte soviel Zeit wie möglich mit ihren Welpen verbringen (um unerwünschtes Saugen zu verhindern, kann man ihr einen kleinen Pullover überziehen, der das Gesäuge abdeckt), sie übernimmt „fachgerecht" Erziehungsarbeiten.

Unternehmungslustiges Trio aus dem Zwinger „vom Herzogstein"

Nachdem die erste Impfung erfolgt ist, können die Kleinen auch von Fremden angefaßt werden. Ich halte nichts von übervorsichtiger Sterilhaltung, denn auch ein Welpe muß von sich aus in der Lage sein, mit Keimen aus fremder Umgebung fertig zu werden. Schließlich wird er bald in ein neues Heim kommen, und dafür muß er gerüstet sein.

Malteser beginnen sehr spät mit der Zahnung. Mit acht Wochen lassen sich die Milchzähne erst ahnen, und nicht selten brechen sie erst nach zehn Wochen durch. Zur Erleichterung kann man den Welpen Spielzeugknochen anbieten.

Ahnentafel-Formalitäten

Innerhalb einer Woche ist dem Zuchtbuchamt die „Wurfvoranmeldung"
zuzusenden, spätestens dann kommt der Züchter in die Welpenvermitt-
lungskartei, wenn er das wünscht. Bei Anfragen von Welpeninteressenten werden Telefonnummer und Anschrift genannt. Nach Eingang der
Wurfvoranmeldung werden dem Züchter die Tätowierungsnummern
für die Welpen bekanntgegeben. Je nach Landesgruppe muß auch dem
Landesgruppenzuchtwart der Wurf mitgeteilt werden, damit er sich ter-
minlich auf die ab der achten Woche und nach erfolgter Erstimpfung
durchzuführende „Wurfabnahme" einrichten kann. Eine Terminabspra-
che zwischen Züchter und Zuchtwart geht vom Züchter aus.

Der Zuchtwart kontrolliert Unterbringung, erfolgte Impfung und
Zustand von Mutterhündin und Welpen. Fehler werden im Wurfabnah-
mebericht vermerkt, bleibende Fehler (Knickruten, Pigmentlosigkeit
usw.) werden in die Ahnentafel des Welpen eingetragen. Der Zuchtwart
übernimmt auch die Tätowierung. Ein Bericht geht im Original zusammen mit der Originalahnentafel der Mutterhündin und der Ahnentafel-
kopie des Deckrüden an das Zuchtbuchamt, und innerhalb einer Woche
hat der Züchter die Ahnentafeln der Welpen per Nachnahme in Händen.

Abgabe der Welpen

Der Züchter sollte sich nicht auf die alleinige Welpenvermittlung durch
den Verband verlassen. Bei einer Welpenvermittlung werden meist mehrere Züchter genannt, so daß auf einen Interessenten in der Regel etwa
fünf Züchter kommen. Etablierte Züchter oder aktive Aussteller haben
für einen Wurf in der Regel schon Kaufinteressenten. Meist wird es
jedoch unumgänglich sein, daß der Züchter eigene Anstrengungen (z. B.
durch Inserate) unternimmt. Auch wenn es manchmal längere Zeit dauert, bis alle Welpen untergebracht sind, sollte man sich die zukünftigen
Besitzer sorgfältig aussuchen. Es ist eine große Aufgabe, einen Wurf auf-
zuziehen, aber die Verantwortung, einen passenden Besitzer zu wählen,
ist unvergleichlich größer. Nicht selten wird in wenigen Stunden über
das lebenslange Schicksal eines Hundes entschieden, und da muß man
schon selektiv sein!

Erkundigungen über die häuslichen Umstände sind immer wichtig.
Vorab sollte geklärt werden:

- ob Tierhaltung überhaupt gestattet ist, wenn die Interessenten zur Miete wohnen,
- ob die ganze Familie mit der Anschaffung des neuen Mitgliedes einverstanden ist,
- ob gewährleistet ist, daß der Hund nicht regelmäßig mehr als sechs Stunden allein gelassen werden muß.

Man darf nie einen Hund als „Überraschungsgeschenk" abgeben. Es muß sichergestellt sein, daß er willkommen ist und nicht nur notgedrungen akzeptiert wird. Wenn der Interessent von sich aus nichts sagt, sollte man fragen, ob er schon einen Hund besessen hat und was aus diesem geworden ist.

Ein Kandidat, der bestrebt ist, einem Hund ein optimales Zuhause zu geben, wird immer Verständnis für solch eine Befragung haben. Wenn Kinder in der Familie leben, sollte man darauf bestehen, daß diese bei Vorgespräch oder Verkauf dabei sind. Man muß sich vergewissern, daß sie Verbote oder Anweisungen der Eltern respektieren, sonst sollte man einem Welpen eine solche Familie nicht zumuten, egal wie viele andere Gegebenheiten günstig zu sein scheinen.

Wurde ein Welpe verkauft, ist die Sache nach Bezahlung des Kaufpreises noch lange nicht erledigt. Der verantwortungsvolle Züchter wird seinen Käufern immer ein Ansprechpartner bei Fragen und Schwierigkeiten sein. Auch hinsichtlich seiner weiteren Zuchtplanung ist es für den Züchter von Bedeutung zu erfahren, wie sich der Welpe weiter entwickkelt, und der zufriedene Hundekäufer wird sich gerne einen weiteren Hund bei „seinem" Züchter holen, und solche Verkäufe, bei denen man von vornherein weiß, daß ein Hund gut untergebracht ist, sind immer noch die besten!

Ernährung

Die wildlebenden Ahnen unseres Hundes waren Jäger. Sie verzehrten ihre Beute mit Haut und Haar. Bevorzugte Leckerbissen waren die Innereien. Magen und Darm ihrer Beutetiere enthielten auch vorverdaute Pflanzen und wichtige Vitamine. Wölfe und Wildhunde fraßen also nicht nur Fleisch. Genauer wäre die Bezeichnung „Tierfresser". Aus Untersuchungen des Mageninhaltes wissen wir, daß darüber hinaus praktisch alles auf dem Speisezettel stand, was die Natur bot.

Angemessene artgemäße Nahrung hat der Hundehalter seinem Hund nach dem Tierschutzgesetz anzubieten. Unkenntnis und falsch verstandene Tierliebe können leicht zu Tierquälerei führen: Der Hund ist kein Resteverwerter. Mit Süßigkeiten ist ihm nicht gedient. Falsche Ernährung kann Fettsucht, innere Erkrankungen oder Hautkrankheiten verursachen. „Angemessen" ist nur eine gesunderhaltende Nahrung. Die Freßgewohnheiten der Wildtiere zeigen, wie das Futter zusammengesetzt sein muß:

Fleisch ist die Ernährungsgrundlage. Es enthält neben Salzen, Geschmacksstoffen und Vitaminen vor allem tierisches Eiweiß. Reines Muskelfleisch oder Herz können ebenso wie ausschließlich minderwertige sehnige, häutige oder knorpelige Teile zu Verdauungsstörungen führen. „Artgemäß" ist eine aus leichter und schwerer verdaulichen Bestandteilen gemischte Fleischgrundlage. Dazu gehört auch tierisches Fett. Es dient als Energiequelle.

Pflanzen enthalten neben pflanzlichem Eiweiß, Vitaminen und Mineralstoffen vor allem Stärke und Zucker. Diese Kohlehydrate liefern ebenfalls Energie. Sie muß aber bei den meisten Nährmitteln durch Erhitzung „aufgeschlossen", das heißt verdaulich gemacht werden. Für Sättigung, Darmfüllung und geregelte Verdauung sorgen unverdauliche Rohfasern, die vor allem in Rohkost, aber auch in Hundeflocken, weniger aber in gekochtem Reis enthalten sind. Ungesättigte Fettsäuren aus Pflanzenölen sind vor allem für gesunde Haut und glänzendes Fell wichtig.

Eine vielseitig zusammengesetzte Nahrung enthält auch Vitamine. Das sind Wirkstoffe, die für Stoffwechselprozesse wie z. B. Blutgerinnung, Wachstum oder Infektabwehr benötigt werden, die der Körper jedoch selbst nicht produzieren kann. Mineralstoffe und Spurenelemente sind nicht nur für den Knochenbau, sondern auch für viele andere Stoffwechselprozesse unerläßlich.

Eine Wissenschaft für sich?

Erhaltungs- und Leistungsbedarf, Nährwerttabellen, Kalorien und Joule – das ist schon eine Wissenschaft für sich – beflügelt durch die Futtermittelindustrie. Bei allem Respekt wundert sich der Praktiker, daß trotz Unkenntnis und Fehlern früherer Zeiten die Spezies Haushund nicht längst ausgestorben ist.

Zum besseren Verständnis genügen folgende Überlegungen: Der Körper des erwachsenen Hundes befindet sich in einem dauernden Umbau. Zur Erhaltung der Körpersubstanz sind daher Eiweißbausteine erforderlich, für die damit verbundenen Stoffwechselvorgänge Energielieferanten, Vitamine und Mineralstoffe. Das Futter soll in der Trockenmasse etwa ein Drittel Eiweiß, mindestens fünf Prozent Fett und höchstens die Hälfte Kohlehydrate enthalten.

*Englischer und deutscher Champion **Maythea's Delmont** (Bes. Thomas Scharfenberg)*

Welpen und Junghunde brauchen für ihr Wachstum mehr Nahrung als gleich schwere erwachsene Hunde, bis zum sechsten Monat etwa doppelt soviel und dann immer noch fünfzig Prozent mehr. Ihr Futter soll zu zwei Dritteln, später mindestens zur Hälfte aus Fleisch und anderen Eiweißstoffen bestehen.

Die wichtigsten Grundregeln

Die Futterration kann nicht mit der Briefwaage abgemessen werden. Neben Alter und „Leistung" ist die individuelle Veranlagung des Hundes ausschlaggebend. Es gibt gute und schlechte Futterverwerter. Ein normal veranlagter durchschnittlich lebhafter erwachsener Malteser braucht täglich etwa 150 bis 200 g Fleisch mit cirka 50 g Flocken. Den gleichen Nährwert haben etwa 300 g Dosen-Vollnahrung oder 75 bis 100 g Trockenfutter. Bei einem gesunden, gut ernährten Hund sollen die Rippen optisch nicht hervortreten, mit der flachen Hand aber noch fühlbar sein. So kann man „erfühlen", ob etwas Futter zugelegt oder abgezogen werden muß.

Junghunde können die tägliche Futtermenge unmöglich auf einmal aufnehmen. Eine Magenüberladung wäre die Folge. Knochen, Bänder und Gelenke würden zu stark belastet und bleibende Schäden davontragen. Immerhin braucht ein halberwachsener Malteser bereits genausoviel Futter wie sein ausgewachsener Artgenosse. Die Ernährung der Welpen erfolgt zunächst genauso, wie der Züchter es gehandhabt und dem Käufer empfohlen hat.

Bis zum Abschluß des Zahnwechsels mit etwa sechs Monaten erhält der Junghund täglich vier, später bis zum Abschluß des Wachstums mit etwa eineinhalb Jahren zwei Mahlzeiten täglich. Der Junghund darf zunächst noch etwas „Babyspeck" haben. Er hilft, Krankheiten besser zu überstehen. Mangelernährung in der Jugend ist kaum wiedergutzumachen.

Fresser werden nicht geboren, sondern erzogen: Der erwachsene Hund erhält täglich ein bis zwei Mahlzeiten je nach Veranlagung. Was in einer Viertelstunde nicht aufgefressen ist, gehört in den Mülleimer. Wichtig sind feste Futterzeiten, weniger wichtig, ob diese morgens, mittags oder abends sind.

Fertigfutter – sicher, bequem und preiswert

Die Vorurteile gegen Fertigfutter sind überholt. Es entspricht in Eiweiß-
anteil und sonstigen Inhaltsstoffen den wissenschaftlichen Erkenntnis-
sen. Durch moderne Konservierungsverfahren werden Vitamine weniger geschädigt als durch haushaltsübliches Kochen. Krankheitserreger
im Fleisch werden bei der Herstellung abgetötet. Ein weiterer Vorteil ist
die praktische Vorratshaltung. Auf Reisen ist Fertigfutter die einfachste
Futterlösung. Es ist nicht teurer als selbstzubereitete Nahrung. Gegen
Fertigfutter gibt es eigentlich nur einen Einwand: Artgemäßerweise frißt
der Hund Rohes, nicht aber Gekochtes.

Dosenfutter enthält reichlich Eiweiß. „Vollnahrung" oder Alleinfutter-
mittel sind futterfertig, zu „Fleischnahrung" müssen noch Flocken, Reis
oder Gemüse zugemischt werden. Einige Hunde reagieren bei plötzlicher Umstellung auf Dosenfutter gelegentlich mit Durchfall.

Fertigfuttermischungen aus Trockenfleisch und Nährmitteln werden mit
warmem Wasser oder Brühe dickbreiig angerührt.

Trockenfutter in Keks- oder Ringform und Hundekuchen enthalten fünf-
mal weniger Wasser als normal feuchtes Futter. In einem Extranapf muß
daher unbedingt Wasser angeboten werden. Fertigfutter ist meist nach
dem Bedarf erwachsener Hunde zusammengestellt. Junghunde erhalten daher als Eiweißzulage zusätzlich Fleisch oder Milcherzeugnisse
oder besser gleich ein spezielles Welpen- oder Junior-Fertigfutter.

Eigener Herd ...

Schwieriger ist es, seinen Hund mit selbstzubereitetem Futter zu ernähren. Man muß dazu einiges über Wert und Eigenschaften der Futtermit-
tel wissen.

Fleisch ist die Futtergrundlage; Rinderpansen und Blättermagen, Herz,
Fleischabschnitte, Maulfleisch, Leberabschnitte, Schlund, Milz und
Nieren sind ein fast vollwertiger Ersatz für das zu teure Muskelfleisch.
Euter und Lunge sind nur bedingt und in kleinen Mengen geeignet.
Besonders wertvoll ist „grüner" Pansen: Der rohe, ungereinigte Rinder-
magen enthält bereits vorverdaute Pflanzenteile und Vitamine, die aus
den Pflanzen stammen oder im Pansen gebildet wurden. Haltbarer und
weniger duftend ist der gereinigte und gebrühte „weiße" Pansen. Rohe
Leber und rohe Milz haben eine abführende Wirkung und dürfen daher

– je nach Kotbeschaffenheit – nur in kleinen Mengen zugegeben werden. Geflügel- und Schweinefleisch sollten stets gekocht werden, weil sie Durchfallerreger (Salmonellen) oder das Virus der Aujeszkyschen Krankheit enthalten können. Die Fleischgrundlage sollte stets aus verschiedenen Bestandteilen bestehen. Bei einseitiger Zusammensetzung, zum Beispiel ausschließlich Pansen, können Einweißbausteine fehlen, die der Hund braucht. Schweinefleisch muß, wenn schon nicht ganz darauf verzichtet wird, vollständig abgekocht werden.

Andere Eiweißquellen können das Futter vervollständigen. Hunde mit gesunder Leber und Niere dürfen gelegentlich unverdorbenen Fisch, frei von harten Gräten, fressen. Junghunde bis zum sechsten Monat können täglich eine mit Milch hergestellte Mahlzeit erhalten. Bei älteren Junghunden muß Kuhmilch verdünnt werden. Erwachsene Hunde erhalten – wie in der Natur – keine Milch. Sie können den Milchzucker nicht verdauen. Der Darminhalt wird dadurch zu weich. Hauterkrankungen können die Folge sein. Besser als Kuhmilch sind Welpenmilch-Präparate, die auch von älteren Hunden vertragen werden. Auch rohes Eiklar kann der Hund nicht richtig verdauen (rohes Eiklar entzieht dem Hund Vitamin C). Rohes Eigelb ist dagegen vor allem für junge und kranke Hunde gesund und bekömmlich. Gekochte und gebratene Eier verträgt jeder Hund. Viele Hunde mögen auch Magerquark – eine wertvolle Ergänzung hochwertigen Eiweißes – besonders für Junghunde. Käse ist entgegen alten Vorurteilen nicht schädlich. Käserinden, Wurstpellen, Geräuchertes und Gewürztes gehören nicht in den Hundenapf.

Die Zubereitung des Futters erfordert nur geringen Aufwand. Da der Hund sein Futter nicht kaut, sondern schlingt, wird das Fleisch in maulgerechte Happen geschnitten, aber nicht wie Hackfleisch zerkleinert. Viele Hundefutterhändler nehmen dem Käufer diese Arbeit ab. Das frische oder aufgetaute Fleisch wird mit heißem Wasser angebrüht. So bleibt es innen roh, wird aber leicht erwärmt. Eiskaltes Futter ist Gift für den Hundemagen.

Als pflanzliche Ergänzung können gekochte Haferflocken, Graupen oder Reis zugegeben werden. Einfacher geht es mit „Hundeflocken", einem Gemisch getoasteter und daher verdaulicher Getreideerzeugnisse mit ausreichendem Rohfasergehalt. Zwei Maß Flocken werden einem Maß Fleisch mit warmem Wasser zugemischt. Das Futter soll dickbreiig, nie suppig sein. Junghunde erhalten Flocken und Fleisch in gleichen Raumteilen. Von Fall zu Fall sollen die Flocken ganz oder teilweise durch Gemüse ersetzt werden, das mit einer Gabel zerdrückt wird.

Es schadet nichts, wenn Essensreste leicht gesalzen sind. Der Hund braucht Kochsalz für eine einwandfreie Nierentätigkeit. Hülsenfrüchte und Kohl gehören allerdings nicht ins Hundefutter. Sie sind schwer verdaulich und verursachen Blähungen.

Rohkost, insbesondere fein zerkleinerte Möhren und Äpfel, sind eine sättigende und vitaminreiche Futterergänzung. Auch gehackte Petersilie oder Kresse und frische Obst- und Gemüsesäfte können das Vitaminangebot vervollständigen. Zur Versorgung mit ungesättigten Fettsäuren – wichtig zum Beispiel für Haut und Haar – kann dem Futter einmal wöchentlich ein Teelöffel Pflanzenöl zugesetzt werden. Auch eine Scheibe Brot mit Pflanzenmargarine ist eine vorzügliche Ergänzung, insbesondere gut durchgebackenes Roggenbrot. Brot soll aber nie eingeweicht werden.

Für den Junghund ist eine ausreichende Vitamin-D-Versorgung zur Verhütung der Knochenweiche (Rachitis) besonders wichtig. Überdosierungen sind aber schädlich. Anstelle des Lebertrans sollten daher genau dosierbare Vitamin-D-Präparate nach tierärztlicher Verordnung gegeben werden. Bierhefe – Bestandteil vieler Hundeflocken – enthält auch B-Vitamine. Für den jungen Hund ist die Zufütterung von „Futterkalk" für Wachstum und Knochenbau unerläßlich. Aber auch der erwachsene Hund braucht eine Mineralstoffergänzung, weil selbstzubereitetes Futter nicht alle Stoffe in ausreichender Menge enthält.

Knochen enthalten Mineralstoffe, sind aber schwer verdaulich und können hartnäckige Verstopfungen verursachen. Ihr Wert liegt vor allem in der Gebißpflege und der „Gymnastik" für die Kaumuskulatur. In Maßen können daher Hunde mit gesunden Zähnen Kalbs- oder Rinderknochen erhalten. Hundekuchen oder Kauknochen aus Büffelhaut erfüllen allerdings den gleichen Zweck. Ältere Tiere mit Verdauungsproblemen oder Zahnkrankheiten müssen auf Knochen verzichten. Harte Röhrenknochen, vor allem vom Geflügel, können splittern und Darmverletzungen verursachen; Kotelettknochen können in der Speiseröhre steckenbleiben. Sie gehören in den Mülleimer.

Fastentage müssen wildlebende Fleischfresser oft einlegen. Für Hunde mit Übergewicht ist ein Fastentag in der Woche ein probates Mittel zum Abnehmen. An den übrigen Tagen darf er sich einmal täglich sattfressen. Die fettarme Fleischgrundlage wird allerdings mit nährstoffarmer Lunge gestreckt, und statt der Flocken gibt es Weizenkleie und Rohkost. Einfacher, aber teurer ist Diät-Fertigfutter.

Wasser, immer frisch und sauber, nie eiskalt, muß dem Hund ständig zur

*Champion **Kathleen vom Herzogstein** (Z. u. Bes. Karin Finkbeiner)*

Verfügung stehen. Ein gesunder Hund trinkt zwar bei normal feuchtem Futter kaum, muß aber doch bei Hitze, nach Anstrengungen oder zu bestimmtem Futter seinen Durst löschen können. Ständig stark vermehrter Durst ohne erkennbaren Grund ist ein Krankheitszeichen.

Patentrezepte

Fragt man zehn Hundeexperten, erhält man sicher wenigstens neun „bewährte, für diese Rasse einzig richtige" Ernährungsanleitungen, von denen acht völlig richtig sind. Trotz aller Erfahrung und wissenschaftlicher Akribie gibt es gottlob viele Möglichkeiten, seinen Hund artgemäß und ausreichend zu ernähren. Man muß nur die angeführten Ernährungsregeln mit Verständnis beachten.

Gesundheit

Vorbeugen ist besser als Heilen

Artgerechte Haltung, Pflege und Ernährung sind Voraussetzungen für die Gesundheit. Das seelische Wohlbefinden des Hundes ist so wichtig wie das körperliche. Der gesunde Hund nimmt aufmerksam und lebhaft Anteil an seiner Umgebung. Er ist kräftig und ausdauernd. In der Ruhe atmet er 10- bis 20mal, das Herz schlägt 70- bis 100mal in der Minute. Die Körpertemperatur liegt um 38,5 °C. Gesundheit ist nicht nur „Freisein von Krankheiten", sie schließt auch Widerstandskraft gegen Infektionen ein.

Das Haarkleid schützt nicht nur gegen Wind und Wetter. Schönes, dichtes, glänzendes Haar ist auch ein Zeichen guter Gesundheit.

Der Malteser braucht eine Pflege mit System, wie auf Seite 46 beschrieben.

Stumpfes Haar, ständiger Haarausfall und starker Geruch deuten auf innere Erkrankungen hin. Die Haut soll frei von Schuppen und Rötungen sein, kein Juckreiz soll den Hund plagen.

Flöhe, Läuse und Haarlinge kann auch der gepflegteste Hund von einer Hundebegegnung mitbringen. Bei Juckreiz werden als erstes die Haut auf Flohstiche – bis zu linsengroße, geschwollene Rötungen – und das Fell auf Parasitenkot – kleine, schwarze Pünktchen abgesucht. Lieblingssitze der ungebetenen Gäste sind die Innenflächen der Hinterbeine, der Bauch, die „Achselhöhlen" und die Ohrmuscheln. Bei leichtem Befall genügt ein Flohpuder oder -spray. Wirksamer sind Waschlösungen, die das Fell bis auf die Haut benetzen, oder verschreibungspflichtige Mittel, die auf die Haut getropft werden und bis zu vier Wochen wirken. Das Ablecken solcher Mittel muß aber unbedingt verhindert werden. „Anti-Floh-Halsbänder" geben bis zu vier Monaten gas- oder puderförmige Wirkstoffe ab. In Hundehütten können bei einigen Halsbändern Giftgaskonzentrationen auftreten, die auch für den Hund bedenklich sind. Manche Halsbänder verlieren zudem durch Nässe an Wirksamkeit. Bei Flohbefall muß immer das Lager des Hundes mitbehandelt werden. Moderne Spezialmittel töten dabei nicht nur „erwachsene" Flöhe, sondern stoppen auch die weitere Entwicklung der Flohlarven. Hundedecken werden am besten ausgekocht und Teppiche regelmäßig gesaugt.

Zecken lassen sich aus dem Gebüsch auf den Hund fallen, beißen sich in der Haut fest und saugen sich mit Blut voll. Sie sehen dann wie prallgefüllte graubraune bis zu kirschkerngroße Säckchen aus. Je länger sie saugen, desto größer ist in bestimmten verseuchten Gegenden die Gefahr, daß eine für Hunde gefährliche Infektionskrankheit, die Borreliose, übertragen wird. Deshalb sollten Zecken so rasch wie möglich entfernt werden. Sie dürfen aber nicht einfach ausgerissen werden, weil dabei die Beißwerkzeuge in der Haut steckenbleiben und Entzündungen verursachen können. Am besten erfaßt man die Zecke mit einer Spezialpinzette und hebelt sie drehend aus der Haut heraus. Man kann sie aber auch mit Alkohol, „Desinsektspray" oder in Öl eingehüllt betäuben und dann herausdrehen, sofern sie nicht innerhalb einer halben Stunde abgefallen ist.

Die Ohren sollten alle vier Wochen gereinigt werden. Mit Wattestäbchen kann man das Trommelfell zwar kaum verletzten, das Ohrschmalz aber in der Tiefe zusammenstopfen. Besser ist ein alkoholischer Ohrreiniger, der randvoll ins Ohr eingegossen und bei zugedrückter Ohrmuschel durchmassiert wird. Das gelöste Ohrschmalz kann der Hund dann selbst ausschütteln, vorzugsweise im Freien. Dunkle, übelriechende Beläge im Ohr zeigen eine Entzündung an. Meist wird sich der Hund dann auch am Ohr oder – scheinbar – am Halsband kratzen und den Kopf schütteln. Ursache des „Ohrenzwanges" können Ohrenmilben, Grasgrannen oder andere Fremdkörper sowie Bakterien und Pilze sein. Wenn zwei- bis dreimalige gründliche Reinigung mit dem Ohrreiniger keine Besserung bringt, ist eine gezielte Behandlung durch den Tierarzt erforderlich.

Die Augen werden mit einem Stückchen Mullbinde oder einem Taschentuch vom „Schlaf" gereinigt. Fusseln von Watte oder Papiertaschentüchern reizen die Schleimhäute. Bindehautentzündungen können auch durch Zugluft, Staub oder starke Sonne verursacht werden. Besonders anfällig sind Hunde, deren Augenlider dem Augapfel nicht eng anliegen. Zur Linderung werden Augentropfen in den heruntergezogenen Bindehautsack geträufelt. Borwasser wird heute nicht mehr verwendet, weil feine Kristalle als Fremdkörper wirken können. Länger andauernder wäßriger, schleimiger oder eitriger Augenausfluß sollte nicht mit Hausmitteln kuriert werden. Es könnte eine Infektion vorliegen. Wucherungen auf der Rückseite der Nickhaut müssen meist operativ behandelt werden.

92 **Die Zähne** werden durch Hundekuchen oder Knochen ausreichend

gereinigt. Auch das Zähneputzen kann Zahnstein nicht verhindern. Zur Entfernung weicher Beläge eignet sich am ehesten ein Wattebausch, getränkt mit dreiprozentiger Wasserstoffsuperoxydlösung. Zahnstein ist ein fest anhaftender brauner Belag aus verhärteten Salzen. Fauliger Mundgeruch durch Zahnfleischentzündungen und -vereiterungen sowie Zahnausfall sind die Folgen. Zahnstein sollte frühzeitig fachkundig entfernt werden. Lose Zähne müssen gezogen werden. Da der Hund keine Beute jagen, festhalten oder zerreißen muß, kann er auf schmerzende Zähne gut verzichten. Nach Entfernung der Eiterherde wird er sich auch allgemein wohler fühlen, denn sie können den Körper vergiften und zum Beispiel chronische Herzklappenentzündungen auslösen.

Die Analbeutel sollen eigentlich bei jedem Kotabsatz eine individuelle Duftmarke zur Revierkennzeichnung hinterlassen. Infolge der Domestikation funktioniert die Entleerung häufig nicht richtig. Sekretstauungen sind die Folge; den Juckreiz versucht der Hund vergeblich durch Rutschen auf dem After zu beseitigen. Dieses „Schlittenfahren" ist entgegen landläufiger Vermutung fast nie auf Wurmbefall zurückzuführen. Stark gefüllte Analbeutel müssen fachkundig ausgedrückt, vereiterte müssen tierärztlich behandelt werden.

Die Krallen werden bei regelmäßigem Auslauf auf hartem Untergrund ausreichend abgelaufen. Um Stellungsfehler und sonstige Veränderungen der Pfoten zu vermeiden, sollten die Krallen regelmäßig kontrolliert und bei Bedarf geschnitten werden. Dabei soll die in der Kralle verlaufende Ader nicht verletzt werden. „Wolfskrallen", Überbleibsel der an sich verkümmerten fünften Zehe an den Vorder- und Hinterläufen, können bei Verletzungen stark bluten. Sie sollten vorsorglich amputiert werden. Das geschieht üblicherweise schon bei neugeborenen Welpen.

Erste Hilfe tut not

Hautverletzungen müssen genau inspiziert werden. Oberflächliche Abschürfungen und Schrunden können mit Hausmitteln behandelt werden. Auf jeden Fall werden im Bereich der Verletzung die Haare mit einer gebogenen Schere kurz abgeschnitten. Sie verkleben sonst mit dem Wundsekret; Vereiterung ist die Folge. Die Wunde wird mit Wundgel, -spray oder -tinktur behandelt. Fetthaltige Salben behindern den heilungsfördernden Luftzutritt, Puder verkrustet. Bei tieferen Wunden mit Durchtrennung der Haut sollte umgehend ein Tierarzt hinzugezogen werden. Bei Beißereien und Stacheldrahtverletzungen wird die Haut oft vom Körper losgerissen, so daß tiefe Taschen entstehen. Von Fall zu Fall ist zu prüfen, ob eine „offene Wundbehandlung" oder eine Naht besser ist. Nur frische Wunden können mit Aussicht auf komplikationslose Heilung genäht werden. Eine offene, aus der Tiefe nässende oder eiternde Wunde darf der Hund belecken. In allen anderen Fällen wird die Wundheilung behindert, weil die zarten Heilungszellen am Wundrand gestört werden. Das Belecken von Wunden und das Abreißen von Verbänden können durch einen Halskragen verhindert werden. Aus einem passenden Spielzeug-Kunststoffeimer wird der Boden herausgeschnitten. Die Schnittkanten werden abgepolstert, an vier Stellen durchlöchert und mit Bindfaden versehen, die am Lederhalsband festgebunden werden. Fertige Halskragen gibt es beim Tierarzt.

Wundstarrkrampf ist beim Hund selten. Impfungen sind daher nicht üblich. Zur Vorbeugung sollen Wunden ausbluten und nicht luftdicht abgedeckt werden. Wenn größere Adern verletzt sind, kommt es zu andauernden, starken Blutungen. Häufig tritt Blut im Strahl aus. Dann muß als Erste Hilfe ein Druckverband angelegt werden. An ungünstigen Körperstellen wie am Kopf kann auch von Hand eine Kompresse aufgedrückt werden. Gliedmaßen können abgebunden werden, die Abbindung muß aber viertelstündlich kurz gelöst werden. In solchen Fällen ist stets umgehend tierärztliche Hilfe erforderlich.

Unfälle können auch zu inneren Verletzungen und Gehirnerschütterungen führen. Bei Bewußtseinstrübungen soll nie Flüssigkeit eingeflößt werden. Die Maulschleimhaut kann aber mit Kaffee, Tee oder auch einfach mit Wasser befeuchtet werden. Der Hund wird seitlich mit tiefliegendem Kopf und herausgezogener Zunge gelagert. Am Unfallort sind meistens die Diagnose und vor allem eine wirksame Schockbehandlung erschwert. Telefonisch sollte zur Vermeidung unnötiger Wege und Zeiten ein dienstbereiter Tierarzt verständigt und umgehend aufgesucht werden.

Lahmheiten können viele Ursachen haben. Als erstes wird die Pfote untersucht. Dornen oder Splitter werden ausgezogen. Verfilzte Haare drücken zwischen den Ballen wie ein Stein im Schuh; sie werden daher vorsichtig ausgeschnitten. Wunde Stellen werden wie Hautverletzungen behandelt. Im Winter müssen Streusalzreste von den Pfoten abgewaschen werden. Bei Krallenbettentzündungen können warme Kamillen- oder Seifenbäder Linderung bringen. Lose Krallenteile werden an der Bruchstelle beherzt abgeschnitten. In vielen Fällen ist ein Verband erforderlich. Er muß fachkundig angelegt werden, um Druckstellen zu vermeiden.

Bei Schwellungen, Prellungen und Verstauchungen kann das Fell des betroffenen Körperteils mehrmals täglich mit kaltem Wasser durchnäßt werden. Das wirkt wie ein Kühlverband, lindert den Schmerz und hemmt – frühzeitig angewendet – weitere Schwellungen. Wenn ein Bein überhaupt nicht belastet wird, besteht Verdacht auf Knochenbruch. Bei stark abnormer Beweglichkeit können die Gliedmaßen durch eine Notschienung ruhiggestellt werden.

Andauernde, wiederkehrende oder sich verschlimmernde Bewegungsstörungen sind stets ein Fall für den Tierarzt. Das Humpeln auf einem Hinterbein wird nicht selten durch Ausrenkung der Kniescheibe oder durch Riß von Bändern bedingt, die operativ fixiert werden müssen.

Vergiftungen sind meist „Unglücksfälle" und nur selten böse Absicht. Rattengift kann bei unsachgemäßem Auslegen direkt, aber auch mit vergifteten Nagetieren aufgenommen werden. Meist handelt es sich um Cumarinpräparate, die zu inneren Blutungen führen. Vorsicht ist auch bei Schädlings- und Unkrautbekämpfungs- sowie bei Frostschutzmitteln geboten. Hochgiftige Thallium-, Zinkphosphid- und Arsenzubereitungen, Blausäure und Strychnin sind heute gottlob kaum noch erhältlich.

Die besten Überlebenschancen bestehen, wenn man „auf frischer Tat" das Gift wieder aus dem Magen herausbefördern kann. Der Tierarzt kann Erbrechen durch eine Spritze auslösen, der Laie durch Eingeben von einem Teelöffel Salz. Nach dem Erbrechen kann eine Aufschwemmung von etwa zehn Kohlekompretten eingeflößt werden. Milch wird nicht gegeben, weil verschiedene Gifte fettlöslich sind.

Etwa vorhandene Hinweise auf die Art des Giftes ermöglichen eine rechtzeitige, gezielte tierärztliche Behandlung. Ungewisser sind die Aussichten, wenn die Vergiftungsfolgen wie Krämpfe, Mattigkeit oder Brechdurchfall schon eingetreten sind, die Ursache aber nur vermutet werden kann. Eine genaue Diagnose ist oft erst durch Spätschäden wie Blutungen oder Haarausfall möglich. Dann kann es für eine Rettung bereits zu spät sein.

Durchfall ohne Fieber bessert sich häufig nach einem Fastentag. Der Hund erhält ausschließlich stark verdünnten Tee mit einer Prise Salz, aber ohne Zucker. Zur Geschmacksverbesserung ist Süßstoff erlaubt.

Zusätzlich ist es nie verkehrt, eine Aufschwemmung von Kohlekom-

Annsarah's Irish Misty Morn (Z. u. Bes. Hermann u. Brigitte Kirchner)

pretten einzugeben. Keinesfalls darf Durchfall mit Wasserentzug „behandelt" werden; der Körper würde zu stark austrocknen. Am zweiten Tag erhält der Hund in kleinen Portionen ein Diätfutter, zum Beispiel Beefsteakhack, Schmelzflocken und rohen geriebenen Apfel. Am dritten Tag muß der Kot zumindest wieder dickbreiig sein.

Verstopfungen lassen sich oft durch rohe Leber oder Milz oder einige Teelöffel süßer Dosenmilch beheben. Bei krampfhaft vergeblichem Drängen kann ein Mikroklistier Erfolg bringen. Bei einer Verhärtung von Knochenteilen im Enddarm hilft allerdings meist nur ein fachgerechter Einlauf.

Erbrechen ist keine selbständige Krankheit. Einmaliges Erbrechen kann durch zu hastiges Fressen, zu kaltes Futter oder Aufnahme von Fremdkörpern ausgelöst werden. Gelegentliches Erbrechen ist beim Hund ohne große Bedeutung. Um zu erbrechen, frißt der Hund häufig Gras. Geschieht dies regelmäßig oder wird ständig das Futter erbrochen, muß ein Tierarzt zugezogen werden. Auch Durchfall und Erbrechen mit Fieber sind kein Fall für Hausmittel.

Scheinschwangerschaft tritt bei manchen Hündinnen etwa acht Wochen nach der Läufigkeit auf. Sie sind unruhig, „bemuttern" irgendwelche Gegenstände, fressen schlecht und erbrechen gelegentlich. Das

Gesäuge schwillt, Milch bildet sich. Abhilfe schafft häufig wenig Fressen und Trinken bei viel Bewegung und Beschäftigung. Das Gesäuge kann mehrmals täglich mit kaltem Wasser befeuchtet werden, um Schwellung und Milchproduktion zu hemmen. Keineswegs soll die Milch ausgedrückt werden. Damit würde nur die weitere Milchbildung angeregt. Bei sehr starker Gesäugeschwellung und trotz Hausmitteln nicht nachlassenden Erscheinungen muß der Tierarzt hinzugezogen werden.

Insektenstiche, vor allem durch das Schnappen nach Wespen und Bienen verursacht, können schnell zu erheblichen Schwellungen am Kopf oder, noch schlimmer, im Rachen führen. Äußerliche Kühlung mit Eiswürfeln und eine Tablette gegen Allergie – falls zur Hand – ersparen oft nicht die möglichst rasche tierärztliche Behandlung.

Alarmzeichen

Fieber ist eine Abwehrreaktion des Körpers, meist auf Infektionen. Die Hundenase kann auch beim kranken Hund feucht und kühl sein. Die Temperatur muß mit einem Fieberthermometer (je nach Modell bis zu fünf Minuten) im Mastdarm gemessen werden. Sie darf nicht über 39 °C liegen. Untertemperaturen unter 37,5 °C entstehen infolge einer Reduzierung der Stoffwechselvorgänge häufig vor dem Tod.

Husten, als ob ein Knochen im Hals säße, tritt bei Mandelentzündungen auf. Ernstere Infektionen wie Zwingerhusten oder gar Staupe könnten auch vorliegen. Pumpende Atmung entsteht durch eine Lungenentzündung, aber auch durch Wasseransammlungen in der Lunge, zum Beispiel infolge von Vergiftungen. Bei alten Hunden kann der damit verbundene Husten auch auf eine Herzschwäche zurückzuführen sein. Bauchpressen und Aufblasen der Backen sind Zeichen höchster Atemnot.

Schleimhäute im Auge und im Fang geben Hinweise auf innere Erkrankungen: Blässe deutet auf Blutarmut hin, Gelbfärbung auf Leberschäden mit Gelbsucht, Blutungen auf schwere Infektionen oder Vergiftungen, eine bläuliche Färbung tritt bei Herz- und Kreislaufschwäche auf.

Kot und Urin mit Blutbeimengungen lassen schwerwiegende krankhafte Veränderungen erkennen. Bei Blutungen im Magen und in den vorderen Darmabschnitten kann der Stuhl durch das verdaute Blut pechschwarz aussehen. Nierenerkrankungen können auch mit erhöhtem Durst verbunden sein. Wenn Mattigkeit und Mundgeruch hinzukommen, ist meist bereits eine Harnvergiftung eingetreten. Harnsteine, Blasenriß oder Vergiftungen können dazu führen, daß überhaupt kein Urin 97 abgesetzt wird; dann besteht höchste Gefahr. Geschwülste, Prostatavergrößerungen und Mastdarmveränderungen erschweren den Kotabsatz. Verhärtete Knochenteile können den Enddarm völlig verstopfen. Erbrechen und zunehmende Mattigkeit bei fehlendem Kotabsatz sprechen für einen Darmverschluß oder einen Fremdkörper im Darm.

Speicheln wird im harmlosesten Fall durch Fremdkörper in der Maulhöhle oder durch lose Zähne verursacht, bedenklicher wäre eine E-605-Vergiftung oder Pseudowut, schlimmstenfalls ist an Tollwut zu denken.

Umfangsvermehrungen des Bauches bei sonst normalem Ernährungszustand oder zunehmende Abmagerung können durch Tumore oder Bauchhöhlenwasser hervorgerufen werden. Bei einer Gebärmuttervereiterung besteht gleichzeitig fast immer starker Durst, gelegentlich auch Scheidenausfluß. Eine plötzliche Aufblähung des Bauches mit Kolik und Kreislaufschwäche, bedingt durch eine Magendrehung, erfordert unverzügliche Operation. Eine Entzündung der Kaumuskeln mit Schwellung und Verhärtung sowie hervortretenden Augäpfeln muß sofort tierärztlich behandelt werden.

Infektionen bedrohen die Gesundheit

Staupe und ansteckende Leberentzündung (Hepatitis) sind Viruskrankheiten, die für Junghunde besonders gefährlich sind, aber auch ältere Hunde befallen.

Staupe beginnt mit einem häufig kaum merkbaren, kurzen Fieber, dem nach etwa acht Tagen eine schwere Lungenentzündung mit eitrigem Augen- und Nasenausfluß oder ein Durchfall folgt. Eine besondere Verlaufsform ist mit einer Verhärtung der Ballen verbunden. Nach scheinbarer Besserung treten nervöse Erscheinungen bis hin zu Krämpfen auf, die meistens zum Tod führen. Nach überstandener Staupe bleibt häufig ein nervöses Zucken der Kopfmuskeln, der „Staupetick", nach Erkrankungen im Junghundalter das „Staupegebiß" mit erheblichen Zahnschmelzdefekten zurück.

Die ansteckende Leberentzündung verläuft ähnlich mit hohem Fieber, Apathie und Appetitlosigkeit. Hornhauttrübungen können bleibende Folgeschäden sein.

Stuttgarter Hundeseuche (Leptospirose) wird durch Bakterien verursacht und von Hund zu Hund übertragen. Sie beginnt häufig mit einer Schwäche in den Hinterbeinen. Geschwüre im Maul, Magen und Darm sind mit aasartig-faulem Maulgeruch und blutigem Durchfall verbunden.

Tollwut tritt bei Hunden nur noch selten auf. Die Seuche wird vor allem durch Füchse übertragen. Hinweisschilder warnen in gefährdeten Gebieten vor Tollwut. Die Krankheit ist besonders tückisch: Die typischen Wuterscheinungen mit heiserem Gebell, Wasserscheue, Unruhe und unmotivierter Beißwut fehlen häufig. Die „stille Wut" ist im Anfangsstadium schwer zu erkennen. Ein erkranktes Tier stirbt immer.

Parvovirose ist bei uns in den letzten Jahren regelmäßig aufgetreten. Der Erreger ähnelt dem Katzenseuchevirus. Die Seuche wurde zunächst auf Ausstellungen verbreitet. Die Ansteckung erfolgt über die Ausscheidungen von Hund zu Hund. Bei Welpen tritt plötzlicher Herztod auf, ältere Hunde sterben nach unstillbarem blutigem Durchfall und Erbrechen.

Impfungen schützen vor diesen Infektionskrankheiten

Welpen in gefährdeten Zuchten oder ungeimpfte Hunde mit verdächtigen Krankheitserscheinungen können mit einem Serum behandelt werden, das fertige spezifische Abwehrstoffe enthält. Diese „passive Immunisierung" schützt aber nur für zwei bis drei Wochen. Der Käufer eines Hundes sollte den Impfpaß daraufhin genau prüfen.

Länger dauernden Schutz vermittelt nur die „aktive" Schutzimpfung. Dabei werden abgeschwächte oder abgetötete Infektionserreger eingeimpft. Der Körper reagiert darauf mit der Bildung eigener Abwehrstoffe. Bei den heute üblichen Kombinationsstoffen kennzeichnen die Buchstaben S, H, L, T und P die Wirksamkeit gegen die in Frage kommenden Seuchen (Staupe, Hepatitis, Leptospirose, Tollwut und Parvovirose).

Welpen werden mit sieben bis acht Wochen das erste Mal geimpft und müssen dann mit zwölf Wochen nachgeimpft werden. Bei älteren Hunden genügt eine einmalige Grundimmunisierung. Der einmal gebildete Impfschutz baut sich im Laufe der Zeit ab. Kommt der Hund mit betreffenden Seuchenerregern in Berührung, so wird die Antikörperbildung aufgefrischt. Ist der Impfschutz aber bereits zu stark abgesunken, kann der Hund erkranken. Deshalb sind Auffrischungsimpfungen im Abstand von ein bis zwei Jahren erforderlich.

Ein sicherer Impfschutz des Hundes ist auch für den Menschen wichtig. Erkrankte Hunde können Leptospiren übertragen, die beim Menschen das „Canicola-Fieber" oder die „Weilsche Krankheit" hervorrufen.

Vier italienische Champions (Z. u. Bes. B. Tamagnone)

Hundetollwut ist wegen des engen Kontaktes für Menschen viel gefähr-
licher als Wildtollwut. Geimpfte Hunde übertragen keine Tollwut. Nach
einem Kontakt mit verdächtigem Wild brauchen sie deshalb auch nicht
getötet zu werden, wie dies für ungeimpfte Hunde gesetzlich vorge-
schrieben ist.

Gegen andere Infektionen schützt Vorsicht

Toxoplasmose wird durch einzellige Schmarotzer hervorgerufen. Ihr
Stammwirt ist die Katze. Bei anderen Tieren werden ansteckungsfähige
Dauerformen gebildet. Hunde erkranken überwiegend durch infiziertes
Schweinefleisch. Für die Ansteckung des Menschen wurden sie früher
zu Unrecht verantwortlich gemacht.
Aujeszkysche Krankheit wird ebenfalls durch Schweinefleisch übertragen. Unstillbarer Juckreiz, Unruhe, Ängstlichkeit und Speichelfluß
haben gewisse Ähnlichkeit mit Tollwut. Die Krankheit wird daher auch
„Pseudowut" genannt. Schweinefleisch und in der Zusammensetzung
unbekannte Fleischmischungen (zum Beispiel aus Supermärkten) müssen deshalb gut durchgekocht werden. Fertigfutter und Rindfleisch sind
dagegen unbedenklich.

Zwingerhusten tritt vor allem in Tierheimen und Hundehandlungen auf. Unter begünstigenden Umständen lösen Viren und Bakterien gemeinsam Entzündungen von Luftröhre und Bronchien aus. Kennzeichnend ist ein kurzer, trockener Husten. Sekundärinfektionen können den Krankheitsverlauf verschlimmern. Einen gesunden Hund kauft man mit größerer Wahrscheinlichkeit beim Züchter. Während des Urlaubs sollte man seinen Hund nicht in unbekannte Heime oder Pensionen geben oder vorsorglich auch gegen Zwingerhusten impfen lassen.

Wurmkuren gegen unerwünschte Kostgänger

Spulwürmer können bei Junghunden zu Verdauungs- und Entwicklungsstörungen, zu Vergiftungserscheinungen und sogar zum Tod führen. Fast alle Welpen werden im Mutterleib mit Spulwürmern infiziert. Die ersten Wurmkuren soll schon der Züchter durchführen. Junghunde werden vierteljährlich entwurmt. Ältere Hunde beherbergen nur noch einzelne Würmer. Sie richten zwar keinen großen Schaden an, sind aber eine ständige Infektionsquelle. Hündinnen sollten sechs Wochen nach jeder Läufigkeit, Rüden einmal jährlich entwurmt werden. Bei festgestelltem Wurmbefall ist eine sofortige Entwurmung mit einer Wiederholungsbehandlung nach zwei bis drei Wochen erforderlich. Rohe Möhren garantieren keine Wurmfreiheit. Wirksame und verträgliche Mittel sind verschreibungspflichtig. Sie wirken auch gegen andere Rundwurmarten, zum Beispiel gegen Hakenwürmer.

Spulwürmer sind auf ihre Wirtstierarten spezialisiert; wenn der Mensch Hundespulwurmeier aufnimmt, schlüpfen zwar Larven und beginnen ihre Wanderung im Körper, sie bleiben jedoch in Organen oder Muskeln stecken und können dort schmerzhafte Entzündungen verursachen. Besonders gefährdet sind „Krabbelkinder". Wurmkuren dienen daher auch dem Gesundheitsschutz der Familie. Auf Kinderspielplätzen haben Hunde nichts zu suchen.

Bandwürmer brauchen für ihre Entwicklung stets einen Zwischenwirt. Für den Hundebandwurm ist dies der Floh. Er nimmt die Wurmeier auf, aus denen sich eine Finne entwickelt. Der Hund „knackt" den Floh – die Finne wächst im Hundedarm zum fertigen Bandwurm aus. Mit dem Kot erscheinen nach geraumer Zeit einzelne kürbiskernförmige, anfangs noch bewegliche Bandwurmglieder oder ein längeres, deutlich gegliedertes Wurmende. Viele Spulwurmmittel sind gegen Bandwürmer unwirksam. Heute gibt es aber gut verträgliche und sicher wirkende Bandwurmmittel. Zur Bandwurmkur gehört stets eine Flohbehandlung von Hund und Lager.

Besonders bei Jagdhunden kann auch der „gesägte Bandwurm" auftreten, dessen Zwischenwirte Hasen und Kaninchen sind. Andere Bandwurmarten, die durch Fisch oder Wild, Rinder- und Schafeingeweide übertragen werden, kommen seltener vor. Dazu zählt der „dreigliedrige Bandwurm", der als einziger auch dem Menschen gefährlich werden kann. Der Hund sollte zur Vorbeuge keine rohen „Konfiskat"-Innereien erhalten und daran gehindert werden, Kadaver von Wildtieren anzufressen. Für Menschen besonders gefährlich ist der vor allem in einigen Gegenden Mittel- und Süddeutschlands verbreitete „Fuchsbandwurm", der auch durch Hunde übertragen werden kann. Neben regelmäßigen Bandwurmkuren ist es die beste Vorbeuge, den Hund in Wald und Flur anzuleinen.

Gefahren für die menschliche Gesundheit?

Impfungen und Wurmkuren schränken Ansteckungsgefahren ein. Hygiene tut ein übriges: Selbstverständlich hat der Hund sein eigenes Lager und Futtergeschirr; beides ist peinlich sauber. Rasen und Wege werden von Hundekot freigehalten. Der Hund wird so erzogen, daß er das Gesicht nicht ableckt. Das Belecken der Hände ist Ausdruck seiner Zuneigung. Man darf sie dulden, denn man kann sich die Hände anschließend waschen. Vorsichtige können Lager, Hütte und andere hygienegefährdete Stellen und Gegenstände regelmäßig desinfizieren. Die Mittel sollen gegen Viren, Bakterien und Pilze wirken. Zur Schnelldesinfektion eignet sich ein „Desinfektspray", der auch Ektoparasiten abtötet. Besonders angezeigt sind solche Maßnahmen, wenn der Hund eiternde Wunden, Ekzeme, Furunkel oder eine Vorhaut-, Zahnfleisch- oder Mandelentzündung hat. Diese Infektionen sind konsequent zu behandeln. Eitererreger können auch beim Menschen Komplikationen verursachen. Vorsicht ist stets bei schlecht heilenden oder sich ausbreitenden Ekzemen geboten: Räudemilben sind zwar auf Tierarten „spezialisiert", können jedoch auch beim Menschen juckende Hautrötungen verursachen. Hautpilzinfektionen sind auf Menschen übertragbar. Daher sollte man umgehend eine Spezialuntersuchung und Behandlung veranlassen. Pilzinfektionen entstehen nur, wenn sich die Erreger

*Jugend-Champion **H'Lover Boy vom Herzogstein** grüßt alle, die ihn kennen und lieben! (Z. u. Bes. Karin Finkbeiner)*

länger als 12 bis 24 Stunden auf der menschlichen Haut einnisten können. Gründliches Waschen bannt die Gefahr. Zusätzliche Sicherheit bietet ein Handdesinfektionsmittel, das nach Berührung verdächtiger Stellen oder Ausscheidungen in die Hände eingerieben wird.

Allergien sind auch durch größte Sauberkeit nicht immer zu vermeiden. Einige Menschen reagieren bei Kontakt mit Tierhaaren und -hautteilen mit Ausschlägen oder Atembeschwerden. Katzen, Meerschweinchen und Vögel sind viel öfter als Hunde die Auslöser; viele andere pflanzliche und tierische Stoffe kommen hinzu. Die Allergieursache kann von einem Hautarzt durch Spezialtests auf der Haut ermittelt werden. Auf Verdacht braucht also kein Hund abgeschafft zu werden. Und vor der Anschaffung eines Maltesers brauchen auch gesundheitsbewußte Hundefreunde nicht zurückzuschrecken.

Anschriften, die Sie kennen sollten

Bundesrepublik Deutschland

Verband für das Deutsche Hundewesen e.V.
Westfalendamm 174
44141 Dortmund
Tel.: 0231/565 00-0
Fax: 0231/592440

Verband Deutscher Kleinhundezüchter e.V.
Geschäftsstelle,
Mitgliedswesen,
Welpenvermittlung,
Abonnement
Kleinhunde-SPEZIAL
Karin Voye
Deichstraße 63
27804 Berne
Tel.: 044 06/68 47
Fax: 044 06/62 03

Zuchtbuchamt, Zuchtleitung, Welpenvermittlung
Karin Biala-Gauß
Hauptstraße 10
70736 Fellbach-Oeffingen
Tel.: 0711/514723
Fax: 0711/5181689

Ausstellungswesen
(Ausstellungstermine,
Meldepapiere, Information)
Brigitte Kirchner
Stockder Straße 74
42857 Remscheid
Tel. + Fax: 02191/70939

Schweiz

Schweizerischer Zwerghunde-Club
Elsbeth Clerc
Gumplsbühlweg 23
CH-3067 Boll
Tel.: 031/839 60 24

Österreich

Österreichischer Zwerghunde Klub
Helmut Nigl
Auhofstraße 154/4/1
A-1130 Wien
Tel.: 0222/8772909

Weiterführende Literatur aus dem Verlag Paul Parey, Hamburg

BEYERSDORF, P., 1993:   Dein Hund auf Ausstellungen.
2. Auflage.

BURTZIK, P., 1993:   Erziehung und Ausbildung des
Hundes. 4. Auflage.

FIEDELMEIER, L., 1983:   Kauf, Pflege und Fütterung des
Hundes. 3. Auflage.

KOBER, U.; PEPER, W.:   Pareys Hundebuch. Neuauflage geplant.

POORTVLIET, R., 1987:   Mein Hundebuch. 2. Auflage.

QUEDNAU, F., 1987:   Rechtskunde für Hundehalter.

SCHMIDTKE, H.-O., 1984:   Gesundheitsfibel für Hunde. 2. Auflage.

WEIDT, H., 1992:   Der Hund, mit dem wir leben:
Verhalten und Wesen. 2. Auflage.

Bildnachweis

Titelbild	Foto-Studio Gettorf
Seiten 2, 24, 35, 42, 55, 63, 66, 71, 85, 100	Thomas Scharfenberg, Sittensen
Seiten 17, 40, 46, 59, 60, 96	Brigitte und Hermann Kirchner, Remscheid
Seiten 20, 45	Renate Gross
Seiten 52, 53, 54	Elke Grodtke-Graphics, Ebhausen
Seiten 58, 68, 103	Karin Finkbeiner, Mühlacker

Die übrigen Abbildungen stammen von der Verfasserin.

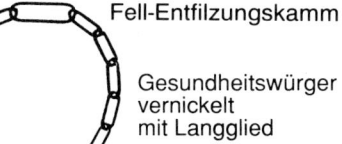